JN270763

## ツリーハウスをつくる
TREEHOUSES OF THE WORLD

ピーター・ネルソン 著
日本ツリーハウス協会 監訳

二見書房

Text copyright ©2004 Peter Nelson
Photographs copyright ©2004 Radek Kurzaj, except as noted.
First published in the English language in 2004
by Harry N. Abrams, Incorporated, New York
Original English title: Treehouses of the World
(All rights reserved in all countries by Harry N. Abrams, Inc.)
Japanese translation rights arranged with Harry N. Abrams, Inc., New York
through Tuttle-Mori Agency, Inc.,Tokyo

## はじめに

　私が初めてツリーハウスについて書いた『TREEHOUSES』が出版されたのが1994年。それから、友人でツリーハウス・ビルダーのマイケルと組んで初めてツリーハウス・セミナーを主催したのが1997年。それ以後、雑誌、テレビ、新聞など各メディアがこぞってツリーハウスを取り上げて徐々に関心が高まり、アメリカではちょっとしたツリーハウス・ブームが起きている。
　その熱気はアメリカにとどまらず世界各地に飛び火した。その証拠に、私が代表を務めるツリーハウス・ワークショップ社（コンサルティングから施行までを手掛ける）には、ツリーハウスに関する問合せが全米各地からはもとより世界各国から寄せられるようになった。なかには、「当地に来て、ぜひ建ててほしい」という熱い要望もあり、実際に日本、ドイツ、カナダなど海外に出向いてツリーハウスを建てた。最近では、例えばスコットランドでジョン・ハリスが、日本ではタカシ・コバヤシが会社を興したように、海外でもツリーハウスの建築を専門に扱う会社が誕生しはじめている。
　2003年も例年通りオレゴン州タキルマの山奥で第7回ツリーハウス・セミナーが開催され、会場のツリーハウス・リゾートには、全米各州をはじめ日本、ドイツ、オーストラリア、イギリス、カナダから総勢45名もの参加者が集まった。参加者は会場の敷地内に建てられたツリーハウスを見て廻り、その工法と技術発展の歴史を直に見ることができる。ほかにも「樹木の生態学」の講義や、建築方法や最新の工法技術を学べるワークショップが青空教室のもとで行われる。このように、世界各国からツリーハウス愛好家が集い、熱心に講義に耳を傾け、経験のあるビルダーたちが得意げに語る自慢話やおどけて話す失敗談に聞き入っている光景を見ていると、国境や言語・文化、さらには性別・年齢を超えて人々を魅了するツリーハウスの普遍的なパワーを感じずにはいられない。
　今やインターネットを介して誰でも世界中のツリーハウス情報を入手できるし、ツリーハウスの宿だけを利用して世界中を旅することもできる。本書の執筆にあたり、私は自他ともに認める"ツリーハウス・マン"として世界中の名作を訪ね歩いた。2002年から2003年にかけての取材旅行中、40棟以上のツリーハウスを見て回ったが、なかには「ほう、こんなところに！」という場所に、「えっ、この人が？」という人が（想像もできない場所に、とても似つかわしくない人が）建てたツリーハウスがあり、飽きることなく次々と新しい発見が待ち構えていた。
　この旅を通じて世界中の仲間と交友を深めあい、情報交換を行い、ツリーハウスの輪を大きく広げることができた。まさにツリーハウスで世界がつながったのだ。

ピーター・ネルソン

右の写真はかつて「ナショナル・ジオグラフィック」誌に掲載されたことがある、私にとって忘れられない写真である。ここパプア・ニューギニアのイリアン・ジャヤでは、樹の上に生活のすべてがある。彼らが作りあげた地上46mの"天空に浮かぶ家"、それはツリーハウスの原点である。

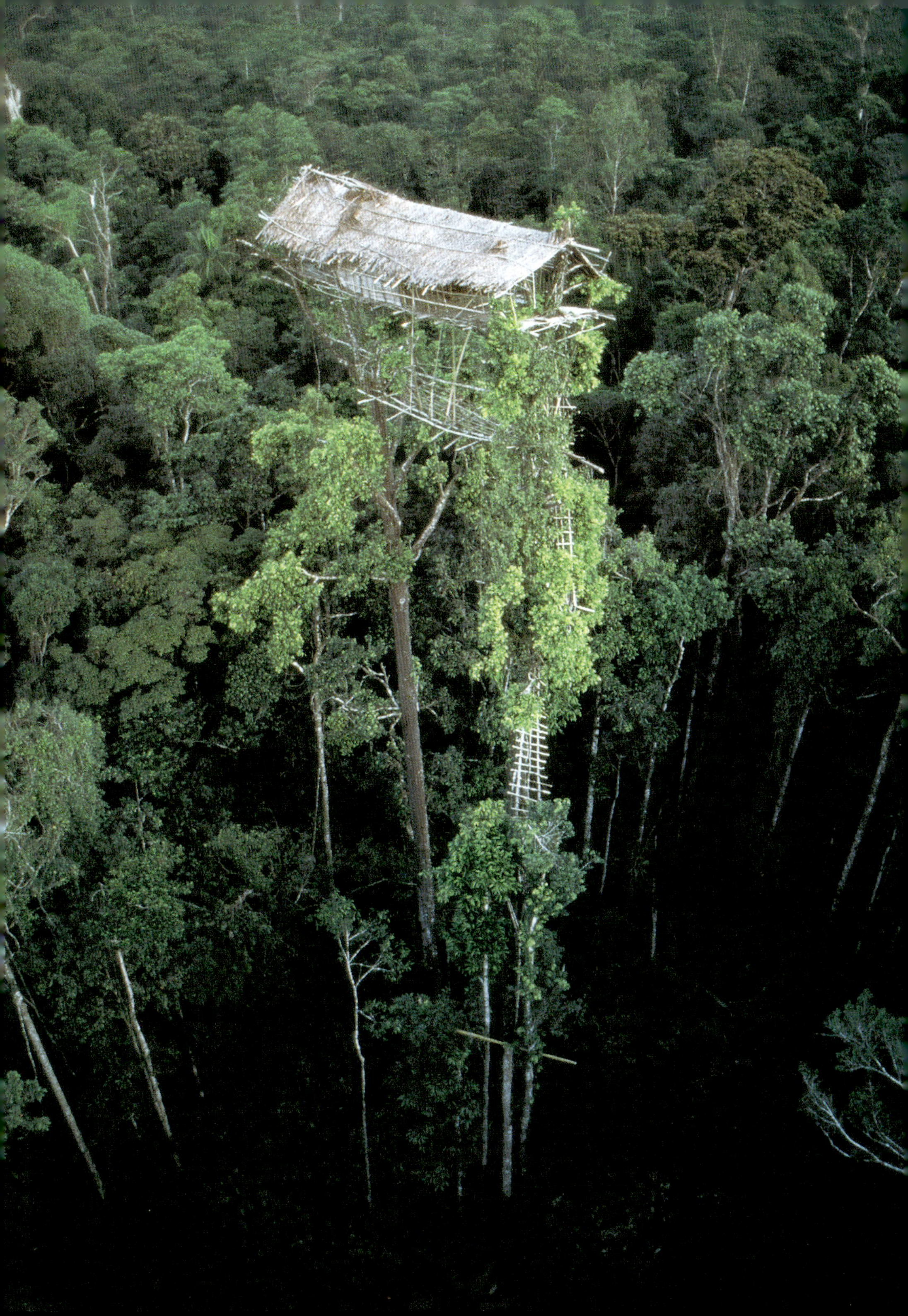

## ★GL (ガルニエ・リム)の登場

　チャーリー・グリーンウッドはもともと機械工学が専門のエンジニア。その知識をツリーハウス建築にも応用していて、ツリーハウス・セミナーでも欠かすことのできない存在だ。チャーリーがツリーハウスと関わることになったのは1994年のこと。友人で、ツリーハウス・リゾートを経営するマイケル・ガルニエが、当時建てていたツリーハウスの技術顧問としてチャーリーを雇ったのだ。

　この出会いによって誕生したのが通称「GL（ジーエル）」と呼ばれるガルニエ・リムである。これは、ツリーハウスの母体を支えるために開発された特殊ボルトの名称で、マイケルの長年にわたってツリーハウスに捧げてきた熱い思いとその多大なる功績を表して付けられた。ここでも、チャーリーの経験と知識に裏打ちされたエンジニアリングがそのデザインに大きな影響を与えている。

　毎年10月にオレゴン州タキルマで催されるツリーハウス・セミナーでは、ビルダー、エンジニア、デザイナー、オーナー、アーボリスト（樹木の専門家）ら愛好家が一堂に会し、最新のツリーハウス建築技術や最先端のデザインを紹介するワークショップをはじめ、樹木の生態学などを学べる講義もあり、楽しみながらツリーハウスの基礎を学べるようになっている。ツリーハウスの発展をめざすこのセミナーも回を重ねて8回目を数えるが、オレゴンの森の中で知恵をしぼりあい、試行錯誤を重ねていることは今も昔も変わらない。

「樹上のツリーハウスを支えるベストな方法とは？」

　この大テーマに、いま私がその答えとして自信を持っているのが、このGLを使った工法。GLはスチール製で、1本1本がお手製のカスタムメイド。鉄の棒にドーナツ型の丸い鍔（つば）が付いていて、先端にはネジ溝が切られている。

　このネジ溝を、ドリルで穴を開けた木の幹に、丸い鍔が当たるまで深くねじ込めば、驚くなかれ！　木の丈夫さにもよるが、なんとこのGL 1本でトラック1台分の重さを支えることができるのだ。

　これまでくり返しGLは改良が加えられ、最新のGLは1本で4トンもの荷重に耐えられる。私が安心して毎晩スヤスヤと眠れるのも、このGLのおかげだ。

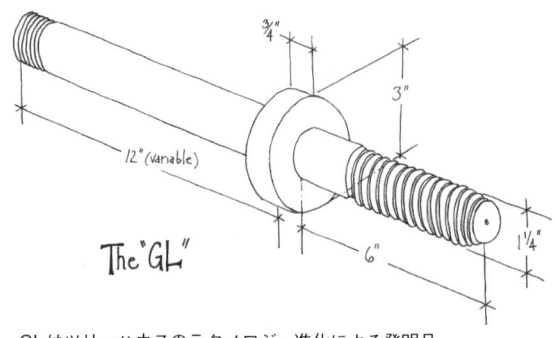

GLはツリーハウスのテクノロジー進化による発明品

実際に取り付けられたGL。重量のあるツリーハウスを支える場合は、GLの取付け位置より約1.2m高いところにアンカーボルトを打ち込み、ターンバックル（フック付き吊り具）を使ってGLをケーブル補強する

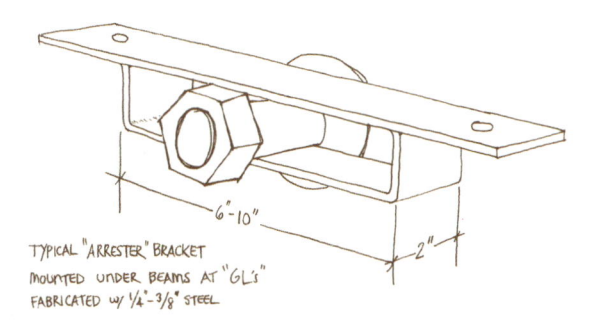

TYPICAL "ARRESTER" BRACKET
MOUNTED UNDER BEAMS AT "GL's"
FABRICATED W/ 1/4"-3/8" STEEL

「アレスター・ブラケット」は大引きの下部に取り付ける。樹木の自然な揺れをなるべく妨げないように工夫がしてある。ナットがブラケットのストッパーとなる

## ★ワークショップでツリーハウスを学ぶ

　私がシアトル郊外で主催したワークショップの建築光景を見ながら、ツリーハウスが完成するまでの過程を紹介しよう。まず初めに、よく使われる材料のことを知り、それからデザインや建築の行程を学んでいこう。これを読んでイメージが湧いてきたら、いよいよ、あなたの出番です！

### 廃材と古材を利用
　ツリーハウスを建てる楽しみの一つが材料選び。プラットフォームの材料（大引、根太、床材）には強くて頑丈な木材を選ぶが、そのほかは作り手の創造力しだい。ちなみに、根太とは床材を受ける部材で、大引は根太を受ける太い梁のことである。
　注意して探せば、ユニークで素敵な材料がきっと見つかるはずだ。
　廃材などを再利用すれば、雰囲気のあるかっこいいツリーハウスができるが、ヒビが入って腐りかけた状態の悪いものは避けること。釘がたくさん残っている廃材も駄目だ。
　私の住むアメリカの太平洋側の北西地方は、林業が盛んなところで木材を探すにはもともと恵まれていたのだが、最近ではいい材料を手に入れることが難しくなってきた。そこで古い建物を取り壊したときに出る廃材に目をつけた。私のビジネス・パートナーのジェイクは、そんな廃材を扱う商売をしていた。
　今、アメリカでは廃材を扱うビジネスが急成長している。古材ならではの艶のある温もりに惹かれる人たちや、廃材を処分するのではなく古材として再利用して環境保護に貢献したいと考える"地球人"たちが増えているからだろう。
　都会にはそういった廃材ばかりを売っている店もある。店内には古いトイレやアルミの窓などガラクタ類もあるが、よく探せば「古びた木枠の窓」や「適度に色褪せた木製ドア」など、ツリーハウスの個性を出すには絶好の掘り出し物もある。
　また、新聞広告欄の「建築材コーナー」もこまめに見ておくこと。使い古しのレンガ、おもしろい形のガラス、納屋に張られていた使い古しの壁板、変わった形の材木、余ったベニヤ板など、いろんな"お宝"が調達できることも。
　ジェイクとの出会いが縁で、今では私たちの手掛けるツリーハウスにはできる限り古材を再利用している。せっかくツリーハウスを作るのだから、そうすべきだろうと思っている。

廃棄処分される古い窓枠もトタンも、私たちにとっては宝の山に見える

シアトル近郊のフォール・シティにある私の事務所で出番を待つ廃材のストック。このままでは廃材で敷地内が埋もれてしまうことは百も承知。しかも、この廃材の山のせいで、この周辺の地価が下落している。わかってはいても、これらがいつの日か素敵なツリーハウスに化けることを知っているだけに、どうにも止められない

年老いたスギ材は閉鎖した製材所から調達したもの。これを裁断機でカットすると、古艶の美しい壁板とインテリア用パネルに様変わり。古いガラス窓も、きれいに磨いて木枠を修理すれば立派なアンティークに

## ★ツリーハウスをデザインする

　私にとってツリーハウスをデザインすることは、すべてのプロセスのなかで一番好きな仕事だ。実際に現場で作業するのと同じように、トンカチを鉛筆に持ちかえ、イメージを紙の上に起こしていく作業はワクワクしてとても楽しい。まず完成予想図をデッサンすることから、ツリーハウス作りは始まる。

　デザインするうえで大事なことは、その使用目的をきちんと頭に入れておくこと。たんにもう一つの昼寝の場として使いたいのか、それとも木の上でささやかに暮らせるぐらいの家を作りたいのか？　その用途をちゃんと決めてから作るべきだろう。

　では、私が実際にある顧客から製作依頼を受けて作りあげたツリーハウスを例に見てみよう。依頼主には二人の可愛い娘さんがいて、「森の中にメルヘン調のツリーハウスを作ってほしい」と、1枚のイラストを預かった。それを傍らに置いて、私たちは新たなツリーハウスのデザインにとりかかった。

こんなイメージで、と預かったイラスト

いろんなアイディアをみんなで出しあい、デザインを詰めていく

紙で模型を作れば、イラストや製図で見落とした構造上の問題に気づいたり、建築プランの打ち合わせに役立つ

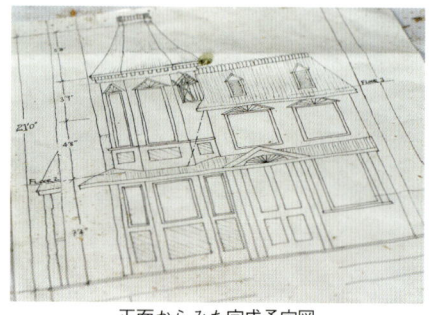

正面からみた完成予定図

1　まずは、地面からどれぐらいの高さにプラットフォームを設けるかを決める。私は3〜6mの高さに作ることが多いが、高さが決まったら、ホストツリー(ツリーハウスを支える樹木)の断面図をスケッチし、プラットフォームを支える幹や枝の大きさを測り、数値を縮小してグラフ用紙に製図する。

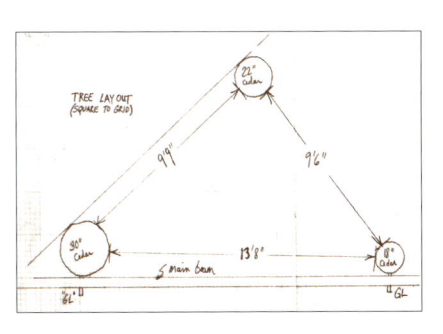

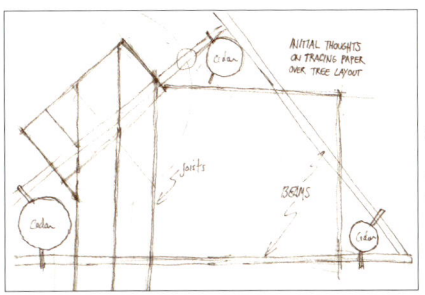

2　次に複写紙に1図を写し取り、ホストツリーの幹や大きな枝をうまく使い、バランスのとれたシンプルな構図の大引きを描き加える。大引きは支えの中心選手だから、複雑でアンバランスな構図はやめよう。

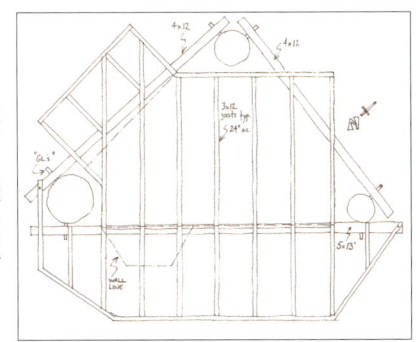

3　建てる現場に行き、デザイン通りに大引きが載せられるか確かめる。大引きはプラットフォームの大きさと安定性を決めるので慎重に。ときには室内を幹や枝が貫通するが、雨漏れ処理が難しくなる。大引きの配置が決まれば、その上にバランスよく根太を描き加える。さらに周辺の環境や眺望、方位を頭に入れてフロアのデザインをすること。陽光をいっぱい受ける場所ならオープンデッキを作るのも一案。寝そべって青空を見上げて日なたぼっこ、夕陽を背にカクテルで乾杯！ということも夢ではないのだ。

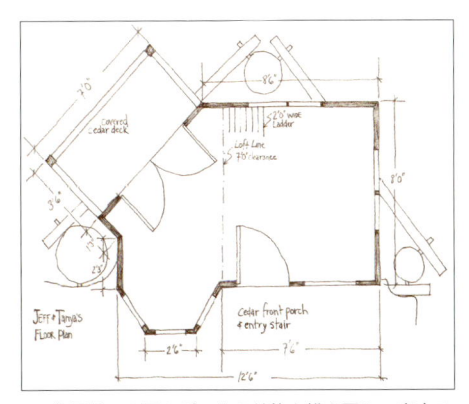

4　複写紙に3図のデッキの外枠を描き写し、室内スペース、壁、入り口、ロフト、外デッキ、ポーチなどを描く。入り口の前のデッキには充分なスペースを。窓や階段の位置もよく考えて、地面から樹上のデッキへは梯子を伸ばしたり、茂みを利用して目立たない階段を掛けたり、螺旋階段、取り外し式の梯子といった選択もある。デザインが固まったら製図にかかる。

5　正面から見たイメージを描いてみる。壁や窓のサイズ、屋根の傾斜などを製図していく。実寸に忠実に製図する行程で、さまざまな構造上の問題も事前に解決できるだろう。

## ★現場で作業開始

　基礎作りにはパワーシャベルもコンクリートも要らない。ツリーハウスの基礎は目の前にある樹木そのもの。これだからツリーハウス作りはやめられない。ドリルとパイプレンチを使い、GLを取り付け、大引きを載せ、根太を張って……と順調に行けば、お昼のランチタイムには樹上でピクニック気分を味わえる。まさにGLのおかげだ。

　このワークショップでは、大勢の人たちの協力が得られた。総勢21人の参加者と5人の大工で4泊5日の日程を組み、スケジュール通りいけば5日目には完成を見て、みんなでこしらえた樹上の家を背景に記念撮影ということになっている。

### 1　GLとボルトの取り付け
大引きを取り付ける場所に印をつける。
大引きはGLやボルトの上に載せる。
大引きはなるべく木に固定せず揺れや成長のための遊びを設ける。

### 2　大引きの取り付け
小さいが強固なスチール製アレスター・ブラケット（p7参照）を使い、大引きをきちんとGL上に落ち着かせる。このブラケットは他にもGLと大引きが直接こすれあうことを防いでくれるし、強風による揺れを制限する機能も兼ね備えたすぐれた発明品。

### 3　根太張り
根太の間隔はデッキ材の強度よって多少変わってくるが、厚み2～3cmのデッキ材の場合は40cm間隔、厚み5cmのデッキ材を張る場合は60cm間隔を空けて根太を張っていく。

廃材を削って壁材にする

デッキ材と幹の間は5cm巾の"遊び"を

1枚目の壁を運ぶワークショップ参加者

窓のスペースは最後まで空けておく

壁の立ち上げは大勢で一気に！

## 4　デッキ張り

幹や枝がデッキを貫通する場合は、周囲に少なくとも5cmの遊び（隙間）を空けてデッキ材を張る。遊びの部分が不細工な形にならないよう幹の円形に沿ってカットする。

## 5　壁作り

壁の骨組みはできるだけシンプルに。必要最低限の筋交いなどの補強さえきちんとしていれば大丈夫。私たちが作ろうとしているのは凝った建物ではなく、あくまでツリーハウス。外壁は作業がしやすい地上でやれば効率もアップする。窓枠も地上で仕上げて、はめ込むのは屋根を張り終わった後で室内から。窓のスペースは屋根を張るときの足場になるし、道具や材料の受け渡しにも便利だから最後までふさがない。

隣接する壁を長いネジ釘でとめる

慣れた手つきで塔の屋根骨を組むスタッフ

イギリスからの参加者が階段の手摺を取り付け、デッキではフロント・ポーチの屋根骨を

## 6　壁の組合わせ

壁が完成したら、大勢で引き上げ、一気に張る。ここでのポイントは、引き上げる前に樹上での組立て方をしっかり確認しておくこと。プラットフォーム上の壁の立つ位置に印を付けておき、壁を上げたら速やかに隣接する壁を長ビス（長釘）で固定する。全面をつなぎとめたら、位置をよく確認してから、長ビスでプラットフォームにしっかり固定する。

廃材のトタンを利用して屋根を張っていく

愛犬ビーマーに励まされて……

屋根の庇も付き、だんだん形になっていく

### 7　屋根の骨組み
屋根骨は引き上げるにはかなり重く、実際に揚げてみても寸法通りに収まらないことがあるので、そのときは微調整を。

### 8　屋根張り
屋根材を張るときは、何よりも安全確保。背より高い所に命綱を縛りつける。命綱のロープが長すぎては意味がない！

### 9　階段の設置
ツリーハウスへ登るには階段がいい。デッキでの細かい仕上げ作業を考えると、階段でのアクセスは本当にありがたい。

### 10　手摺り
一般的に手摺りの高さは90cm、間隔は10cm。

### 11　ドア、窓の取り付け
最後にドア、窓を取り付けて完成。あとは使用目的に応じて電気を引いてもよし、断熱仕様にしてもよし、洒落た木製パネルを張ってもよし。

みんなで役割分担して協力し集中してやれば、短期間でこんな立派なツリーハウスが出来る。事前の下準備が作業日数を大きく左右する

予定通り、5日で完成。参加者全員で記念撮影！

# TREEHOUSES OF THE WORLD

娘の部屋　　アメリカ、ワシントン州シアトル　18
湖畔の宝物　　アメリカ、ワシントン州ギグハーバー　22
少年の夢館　　アメリカ、ワシントン州パーディー　26
カエデの宮殿　　アメリカ、ワシントン州レッドモンド　30
隠れ家のアトリエ　　アメリカ、ワシントン州フォールシティ　36
魅惑の巣　　アメリカ、ワシントン州イェルム　40
湖岸の別荘　　アメリカ、ワシントン州イェルム　46
父の家　　アメリカ、ワシントン州スノークアルミー　52
ツリーハウス・リゾート　　アメリカ、オレゴン州ケイブ・ジャンクション　56
樹間の宝石　　アメリカ、オレゴン州ポートランド　62
森の工芸品　　アメリカ、カリフォルニア州ソノマ　66
天空の小屋　　アメリカ、カリフォルニア州マリンカントリー　70
ボーイスカウト・ロッジ　　アメリカ、ワシントン州シアトル　74
街の児童館　　アメリカ、ミシシッピー州クリントン　78
アーティストの造形　　アメリカ、ニューヨーク州ロング・アイランド　82
マンハッタンの柳　　アメリカ、ニューヨーク州ニューヨーク　86
お伽の国の家　　アメリカ、ニューヨーク州ブリッジハンプトン　88
三階建て子供部屋　　アメリカ、コネティカット州ニュー・ヘイヴン　92
庭園の離れ　　アメリカ、マサチューセッツ州ウェスト・ファルマス　96
永遠の夢の家　　アメリカ、バーモント州バーリントン　100

スターウォーズ・カプセル　イギリス、オックスフォードシャー州　108
魔法の木の家　イギリス、ウェールズ　110
森に浮かぶ船　フランス、ビアリッツ　112
プロヴァンスの傑作　フランス、ボニュー　118
オークの教会　フランス、アルーヴィル　122
樹上レストラン　フランス、パリ　126
ドイツの緑陰ホール　ドイツ、ピーステン　128
スティングの宝物　イタリア、トスカーニ　132
天空の城　ドイツ、ゴルリッツ　136
やぐらの家　ポーランド、ザコパン　142
密林の砦　インドネシア、イリアン・ジャヤ　146
巣箱の家　ニュージーランド、ネルソン　150
密林ホテル　オーストラリア、北クイーンズランド　152
南シナ海を望む宿　中国、三亜、海南島　154
ユーカリ荘　中国、海南島　156
日本のツリーハウス　日本、三重県南勢　160
樅の木小屋　日本、三重県伊勢　166
ケヤキの彫刻　日本、新潟県十日町市鉢　170
タカのツリーハウス・バー　日本、東京　174
マウイの山荘　アメリカ、ハワイ州マウイ島　178
森の教室　アメリカ、ワシントン州ベインブリッジ島　182

# 娘の部屋
## BOO'S TREEHOUSE　アメリカ、ワシントン州シアトル

　何年か前のこと、「娘のためにツリーハウスを建てたい」とある夫婦から連絡があった。彼らの娘ブーは15歳。以前からいつかツリーハウスを作ろうと心に決めていた両親は、今こそそのときだ、と依頼の電話をかけたのだった。
　その時までずっと、ブーは心のなかで夢のツリーハウスを思い描いてきた。おかげで、私たちは最初から内容の濃い打ち合わせをすることができた。彼女の要望は次のとおり──友だちを呼び、おしゃべりをしたり泊めてあげたりできる場所であること。近所の家々を見下ろすベランダをつけること。そして何よりも、下界のことをすべて忘れてくつろぐために、取り外しのできる梯子を付けてほしい──。
　ブーのツリーハウスは2002年の夏に完成した。ワシントン大学にほど近い、シアトルの古い街並みが残る一画の丘の斜面に建てられている。チューダー様式のレンガを使った住宅が立ち並ぶこの辺りには、新しく家を建てるスペースはない。彼らが建て増しをするとすれば、木の上しかなかったのである。

ホストツリーは急な斜面に生えたみごとなヒマラヤ杉。背面から見ると地上2mしかないが、前面の高さは11mもある

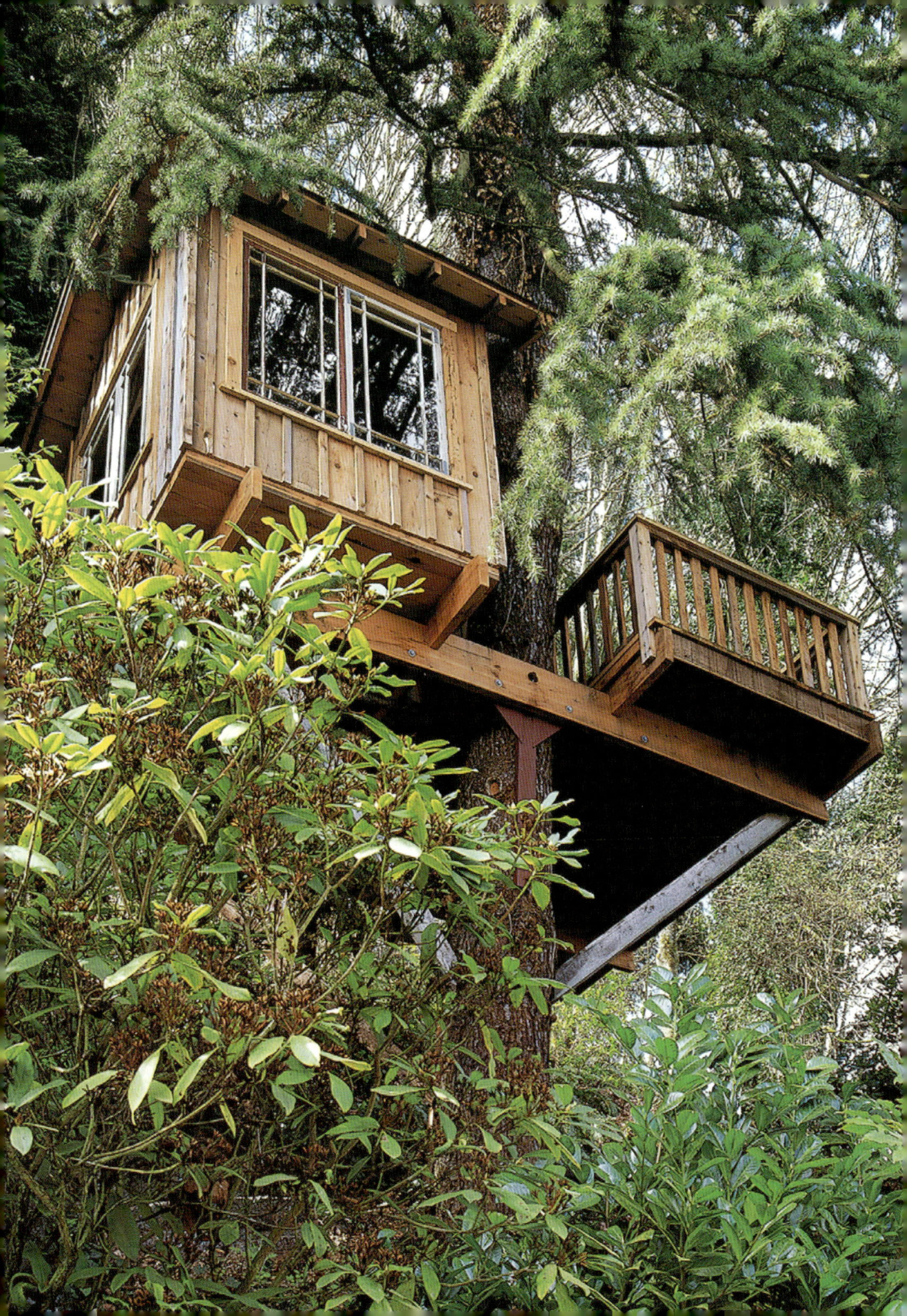

背面からみると。ブーが一人になりたいときは、梯子を取り外してしまい込むのだとか

外壁、内壁ともに、5cm×30cmのスギ材を使用。床には8cm×13cmの固いモミ材を使った。入り口の幅は1.2m

古い窓の再利用はむずかしいが独特の雰囲気をかもしだしてくれる

# 湖畔の宝物
## SURFASS TREEHOUSE　アメリカ、ワシントン州ギグハーバー

　ミリアム・サーファスから届いた手紙には、彼女の夏の別荘がある土地にツリーハウスを作れるかどうか見に来てほしい、と書かれていた。ミリアムの手書きの文字を見て、私は何か面白いことが起こりそうな予感がした。

　ギグハーバーの別荘を訪ねると、ミリアムはクッキーとレモネードを持って出迎えてくれた。駐車場にはいかしたスポーツカーが停めてある。彼女は住まいのある灼熱の南カリフォルニアを逃げ出して、この別荘にやってきたばかりだった。

　出迎えてくれたミリアムは、足にギプスをしていた。あとで知ったのだが、自動車事故に遭ったのだという。それでも彼女はカリフォルニアからここまで車をすっ飛ばしてきたそうで、「最短記録だったわ」と笑った。私はひと目で彼女が気に入った。

　ミリアムの別荘は雪で凍てついたオリンピック山地の湖畔にあった。なんて素晴しい土地だろう。海辺はホエール・ウォッチングで知られ、極上の牡蠣がとれることでも有名だ。サーファス家は先祖代々のこの土地を大切に守ってきた。

　それから二つの夏が過ぎたあと、ミリアムの夢のツリーハウスは完成した。世界のツリーハウスをめぐる旅の途中で立ち寄ったわけだが、今でもあのときのことはよく憶えている。この仕事はほんとうに楽しかった。ミリアムは、大好きな顧客の一人だ。

ミリアムは安らげるシンプルな空間を求めていた。ツリーハウスは子どもの頃からの夢だったという。70歳を超えた彼女にとって、今やツリーハウスは孫のためでもあった

先祖代々受け継がれてきた土地。ツリーハウスを建てるのに、これ以上ぴったりな場所はない

風雨と雪にさらされるのが難点だが、晴れた日には湖の向こうに雪をかぶったオリンピック山地の素晴しい景観が望める

まさに理想のツリーハウスと呼ぶにふさわしい湖畔の宝物

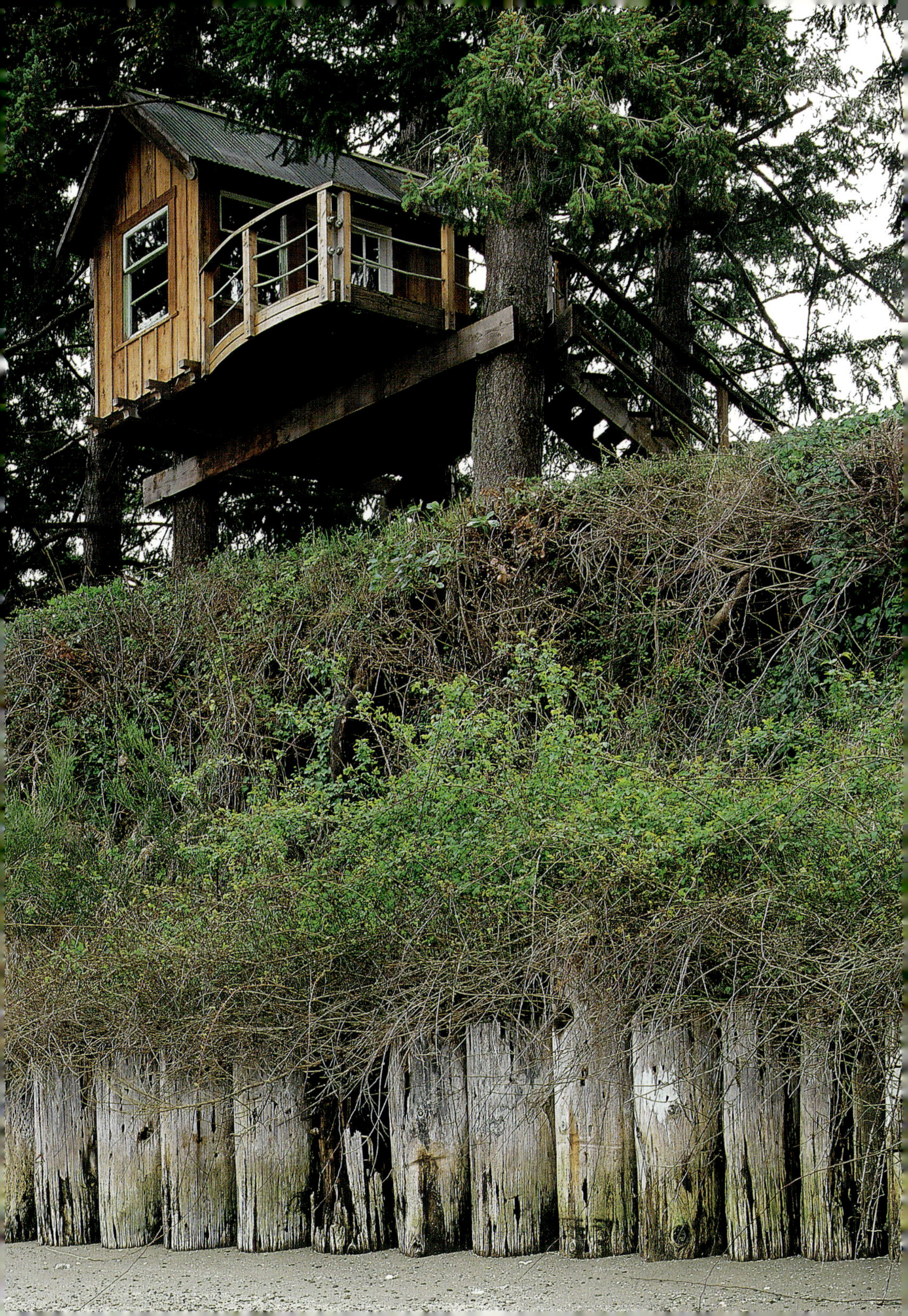

# 少年の夢館
## SAM'S TREEHOUSE　アメリカ、ワシントン州パーディー

　どんなツリーハウスを作るか、初めて打ち合わせをしたときからサム少年の心は決まっていた。私が初めて出版したツリーハウスの本を持ち出して、こんなのがいい、とあるページを開いて指差したのだ。それはカナダのブリティッシュ・コロンビア州のスプリング・アイランド島に建てた円形のツリーハウスだった。作るのにとても苦労した物件である。さらにサムは自分で描いたスケッチを取り出して、希望を語った。ここは寝そべる場所、ここは勉強する場所、ここに本棚を作って、そうだ、吊り橋もあればいいな、鉄製の屋根だと雨音が聞こえて素敵だよね……。だれにも邪魔をされずに羽をのばせる場所、それがサム少年のツリーハウスだ。

　白血病のサムとは、難病と闘う子どもたちの夢を叶える活動をしているボランティア団体「メイク・ア・ウィッシュ」を通じて知りあった。こうして私たちは一緒に彼の夢のツリーハウスを作ることになったのだ。私はこの心の優しい少年に、この幼いツリーハウス・ファンに出会えた幸運をうれしく思った。

　サムと一緒に作った設計図をもとに、夢の家は2003年8月、テキサス州の腕利き大工バッバ・スミスによって建てられた。バッバは5cm×15cmと5cm×30cmの板を重ねるというユニークな工法を用い、厚さたった11cmの円形の土台を組み上げた。梁を使わず、円筒状のハウスを3本のGLで支える仕組みだ。ハウスを受ける輪状の部分は5cm×30cmのモミとツガの木材から切り出すなど、たいへんな労力を要したが、洗練された作りで見た目も美しい。この複雑な構造は、頭を抱え、うんうん唸って考えだした努力の結晶である。

　必要な部材はすべて"寄付"でまかなわれた。土台に使った木材はすべて地元の建築業者から提供されたもの。ある人は外壁と内壁に使ったスギの廃材を、ある人は階段とブリッジ、ツリーハウスを支える方杖（斜めの支柱）に使ったモミ材を提供した。屋根の鉄材は、私たちの会社が解体した巨大な酪農小屋から持ってきたものだ。

ツリーハウスを愛する小さな同志サム。ホストツリーは、サムとジョーの兄弟がぶらんこ遊びに使っていた木だ

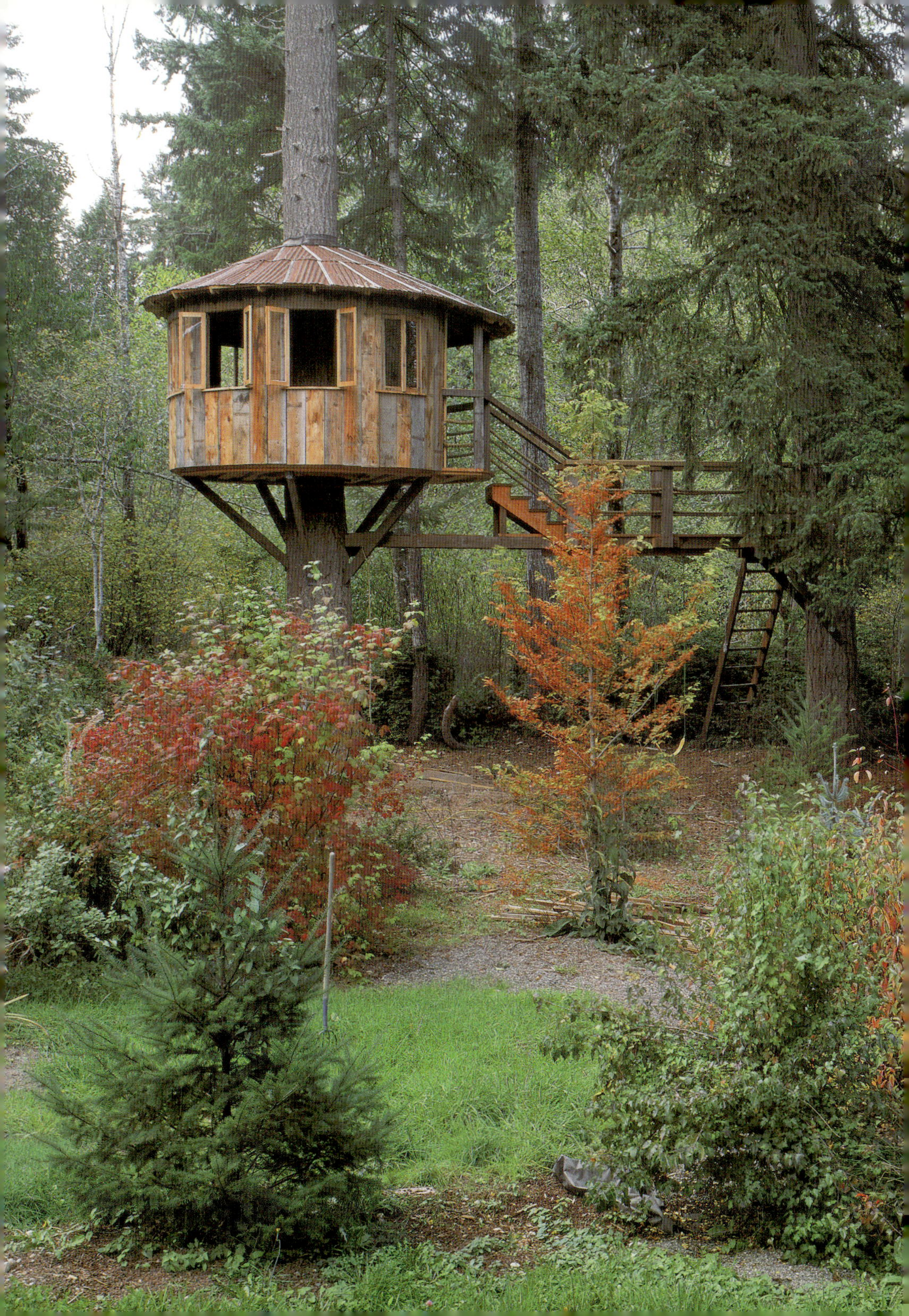

ブリッジがなければツリーハウスじゃない、というサム少年の意見が採用された

どうです、複雑な構造がわかるでしょう

梯子は取り外しができる。重さのバランスをとるため、梯子のそばにコンクリートを詰めたパイプがぶら下がっている

# カエデの宮殿
## REDMOND TREEHOUSE　アメリカ、ワシントン州レッドモンド

　子どもの成長の早さを物語る家、とでも言うべきか——。
　ワシントン州レッドモンドに暮らすスティーブ・ロンデルの子どものうち、3人はこの屋敷の完成を待たずに大きくなってしまった。今、スティーブは孫の誕生を心待ちにしている。今なお、彼がこの大工事をつづける意味はあるわけだ。
　作り始めたのは20年前、彼の長男が5歳のときだった。ディズニーランドへ家族で行ったことが、この大工事のきっかけだったという。
　このツリーハウスに出会ったときは、宝物を見つけたような気分だった。
　他に例を見ない野心作とでも言うべきか。長年のあいだ、スティーブは昼夜を問わず、むろん週末の時間はすべて使い、とりつかれたようにこのカエデの木に鎮座するベニヤ板の宮殿を作りこんでいった。

20年前、子どもたちのためにツリーハウスを作り始めた父親は、今では孫が生まれて、この館で遊んでくれることを楽しみにしている

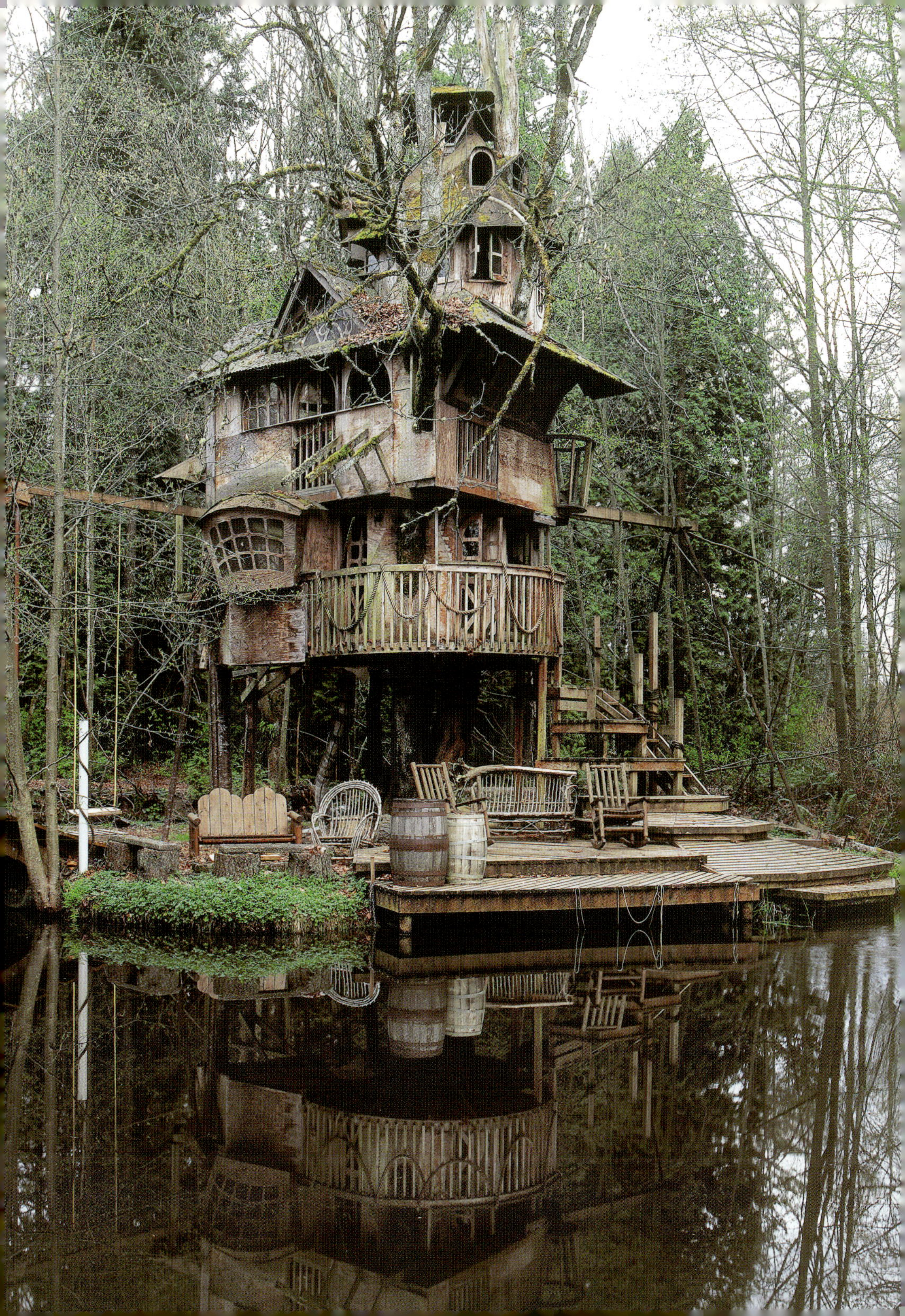

窓を彩るのは、厚さ1cmのベニヤ板で作った装飾文字。4つの
文字は、スティーブの4人の子どもたちを表わしている

1階から3階まで、2つの幹の間に階段が掛けられている

最近では、毎年ハロウィンの日に「恐怖の館」として使われているのだとか

作り始めたころ、土台となる4本の幹のうちの1本が折れるというアクシデントがあった。スティーブは発想を転換し、折れた幹を吊り上げて先端を地面に突き刺し、3階部分を支える支柱にした。結局、この幹は腐ってしまったので（左端）、3本の鉄パイプで補強した

木さえあればできないことはない。気の向くままに設計して作られたこの宮殿は「凄い!」の一語に尽きる。もっとも、専門家が見たら気を失いそうだけれど

# 隠れ家のアトリエ
## LOLLY'S TREEHOUSE　アメリカ、ワシントン州フォールシティ

　ロリーは昔からツリーハウスの大ファン。2人の子どもを育てあげ、忙しかった地元小学校での教職を退職した後、ついに念願を叶えるときがきた。彼女は自分へのご褒美に、自宅から少し離れたところに引きこもって、趣味の水彩画に没頭できるアートスタジオを建てたのだ。

　ロリーは家族とともに5エーカーもの広大な敷地に暮らしている。ツリーハウスを建てる候補地はいくつもあったが、成熟した米スギ、米マツ、カエデが共生しているこの場所を選んだ。ホストツリーとなったこれらの樹木は、どれも健康状態がよく、ほどよく離れて繁っている。しかも北と東の方角はみごとな景観が広がっているという文句なしの立地条件。

　さらに彼女の住まいから90mしか離れていないので、電気はそこから引き、トイレは自宅に戻ればよし。その距離でも自宅からは森の茂みにさえぎられてツリーハウスは見えず、格好の"隠れ家"となっている。

　ロリーからのリクエストは、「室内に自然光がいっぱい射し込むように」、「景色を楽しめるように窓も多いほうがいいわ」というもの。そして家の大きさは、小さなベッドが置ける部屋があり、絵の道具が収納できるスペースもほしい。それと、陽が暮れた後でも作業ができるようにライト、寒い時期と作品管理のために室内暖房器をとの要望に応え、電気を引いた。

　ツリーハウスのデザインはまずシンプルであること。ロリーの"隠れ家"は2002年に私の会社が主催したワークショップで建てたが、設計には最新のデザインを、構造的には今や定番となっているGLを使用した。ホストツリーへの接合が簡素化されたのは、このGLのおかげである。

狭い通路を抜けてデッキへ進めばオープンビューが……

ベーシックな形のツリーハウス。夏には茂った葉で覆われてツリーハウスは隠れてしまう

GLやボルト、電化部品を除けば、ほとんどが廃材を再利用して建てられた。
　梁の一番長いものは9m（12.5cm×35cmの米マツ）、床には7.5cm×30cmのモミ材、デッキには5cm×20cmのスギ材、壁には5cm×7.5cmのモミ材、外壁には2.5cm×5cmのスギ材、内壁には2.5cm×20cmのハンノキ材を使用。
　屋根には使い古しのトタンを再利用し、窓はシアトルの古い町キャピタルヒルに建っていた南北戦争時代の建物に使われていたもの。
　冬の寒さはさほどでもないからと、ロリーは3シーズン用の設備を考えていた。ところが、冬が近づくにつれ気が変わり、きちんと断熱処理をすることにし、同時に内装にも凝って新たに手を加えることにした。そこで、簡単な配電をした後、断熱材を入れ、2.5cm×15cmの凹凸化粧がなされたハンノキ材で内壁を張り直した。そのかいあって、今では室内暖房機1台でツリーハウスの中はぬくぬくである。

アンティークの大きな窓からは、北方にそびえる山々や美しい渓谷が一望できる。ローリーがあしらった趣味のいいインテリア

画材を収納するための広さ2.1m×2.4mの小部屋。簡単な仕切りをはさみ、ベッドを備えたゲストルームとしても使えるメインのアトリエ

# 魅惑の巣
## THE NEST アメリカ、ワシントン州イェルム

　ロウアー・マンハッタンに暮らすロデリック・ロメオは、マルチメディア・アーティストにしてツリーハウス・ビルダー。彼の作品はそのユニークな自然観を反映している。すなわち——
　「自然の声を聞くんだ。木の声に耳を傾け、木に語りかける。どの場所を選び、どこまでやるべきか、何を大切にして、どんなふうにやるべきか……木はぜんぶ教えてくれるよ」。
　ロデリックは、自分の心の声を大切にして生きる男だ。彼が作ったこのツリーハウスは、シアトル南部の大富豪の私有地にある。芸術を愛するオーナーは、毎年夏至の日に催すオールナイト・パーティのために、ロデリックにオブジェの制作を依頼したのだった。カエデの木からぶら下がるこのツリーハウスを、ロデリックは「魅惑の巣」と呼んでいる。
　私はマニラ麻で作ったネットをよじ登り、幹へ……。そこからまた網を伝って90cmほど先にぶら下がるハウスへとたどり着いた。ピラミッドを逆さにしたような小屋に腰を落ち着けるまで、「魅惑の巣」はゆらゆらと揺れつづける。ふわふわの床は柔らかで気持ちよく、見上げると梁があり、銅と有機素材を織り込んで作られた屋根。ところがクッションに腰を下ろしたとたん、針金のようなものに触れた。驚いている私を、下にいたロデリックは満足そうな笑みを浮かべて見上げ、「上下二つのピラミッドには、銅線が180mも巻き付けてあるんだよ」という。
　この巣はとくに、いろんな素材を織りあげて作った床が素晴らしい。アシや水草、苔や小枝など、それらはほとんどは彼の敷地内にある池から拾ってきたもの。まさに鳥の巣づくりと同じだ。「こんなすごい巣を作るのに、どれくらいかかったの？」とたずねると、彼は目をきょろきょろさせ、少しはにかんだ顔でこう答えた。
　「仲間たちと、数週間にわたって取りつかれたように作りづけたよ。ベッドの中でもあれこれ考えたし、夢にまで出てきたから、もう四六時中さ。そんな毎日が丸2カ月つづいたよ」

ピラミッド型の屋根は植物のツルや竹の繊維、銅線を用いて織り上げられている

逆ピラミッド型の室内を、ロデリックは何週間もかけて植物を織り上げて作った。鳥のように……

「巣」は緑の壁に囲まれた森の中にひっそりとかかっている。
彫刻の施された古い木造りの門が、秘密の庭への唯一の入り口

ネット状のマニラ麻の梯子
もロデリックが時間をかけ
て編んだもの

マニラ麻のネットを登ったあと、さらにまた網を伝ってクッションが敷かれたこの楽園へ。床は可動式になっていて、夜を過ごすための枕や毛布も収納されている

梁の先端に彫られた馬の頭部が巣を吊るケーブルを支えている

独創的な縄梯子は、クモの巣をイメージしたもの。登りやすく、とてもしっかりしている

庭の反対側には、シアトル在住のアーティスト二人の手になるやはり吊り下げ型のハウスがぶら下がっている。「銅の繭」と名づけられたこのハウスは「瞑想スペース」だとか

「銅の繭」は美しく銅メッキされ、内部は米スギを丁寧により合わせて作られている。重さは63kgしかなく、地面からわずかに浮いている

# 湖岸の別荘
## PAM'S GATAWAY TREEHOUSE　アメリカ、ワシントン州イェルム

　2001年の夏、私たちは「魅惑の巣」からさほど遠くないところに、女性の依頼主から注文を受けて別荘を作った。忘れられない夏になった。

　パムのツリーハウスは、心安らぐ隠れ家として設計された。日常の心配事から解放され、自由になるための場所である。私は、これはパムと未来の夫のためのツリーハウスだと思っていた。彼女の希望は、「緑の見渡せる、小さいながらも快適なリビングルームにデッキをつけてほしい。それからバスルームと、小ぢんまりした暖かなベッドルームも……」というものだった。

　しかし、森の中であれこれ設計の打ち合せをしているときに、彼女の友人がオフィスとしてもう一つツリーハウスを作ってはどうかと提案した。私たちはすぐに敷地の反対側にまわり、オフィスを作るにふさわしい場所を探した。はたして、その場所はあった！　2本の大木の間にぴったりな空間が。ツリーハウス・オフィスは隠れ家よりも高い地上4.5mのところに建て、二人くらいが気持ちよく仕事ができるスペースを確保することにした。

　完成したパムの二つのツリーハウスは、厳かなレーニエ山を望む広大な敷地にたたずんでいる。敷地には牧草地が広がり、なだらかな起伏を見せる芝生や美しく手入れされた庭園がある。森はまだ若く、大半を米マツの木が占めている。

　隠れ家のツリーハウスの広さは30m²、それにデッキが28m²。パムが暮らす母屋からだいぶ離れたところに作られた。母屋は平原にぽっかりとある池の真ん中に、池を二つに分けるように隆起した土地に建っている。池には元気のいいバスがいっぱい棲んでいて、日が暮れると荒々しい水音をたてる。

　生えている木々に大木はなく、幹の太さはせいぜい直径17〜18cmしかないが、どれもしっかりとしている。このツリーハウスでいちばん気をつかったのは、ほどよく池を見渡せるようにデッキを作ること。デッキのために木を切りたくはなかったので、池に面してほどよい間隔で生えた木々を使い、梁を渡して方杖（斜め支柱）で支えた。土台は7本の米マツ。こうして奥行き3m、総面積58m²もの広いデッキを、視界をさえぎられることなくGLを使ってうまく作ることができた。

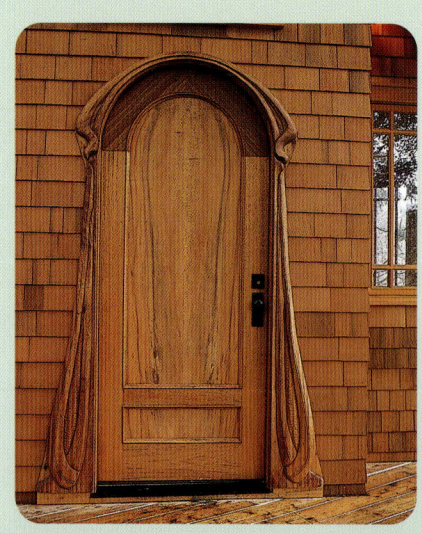

依頼主からの要望は、「ほかにはない魅力をもったツリーハウスを作ること。そのための努力は惜しみません」……。このドアがそれを物語っている

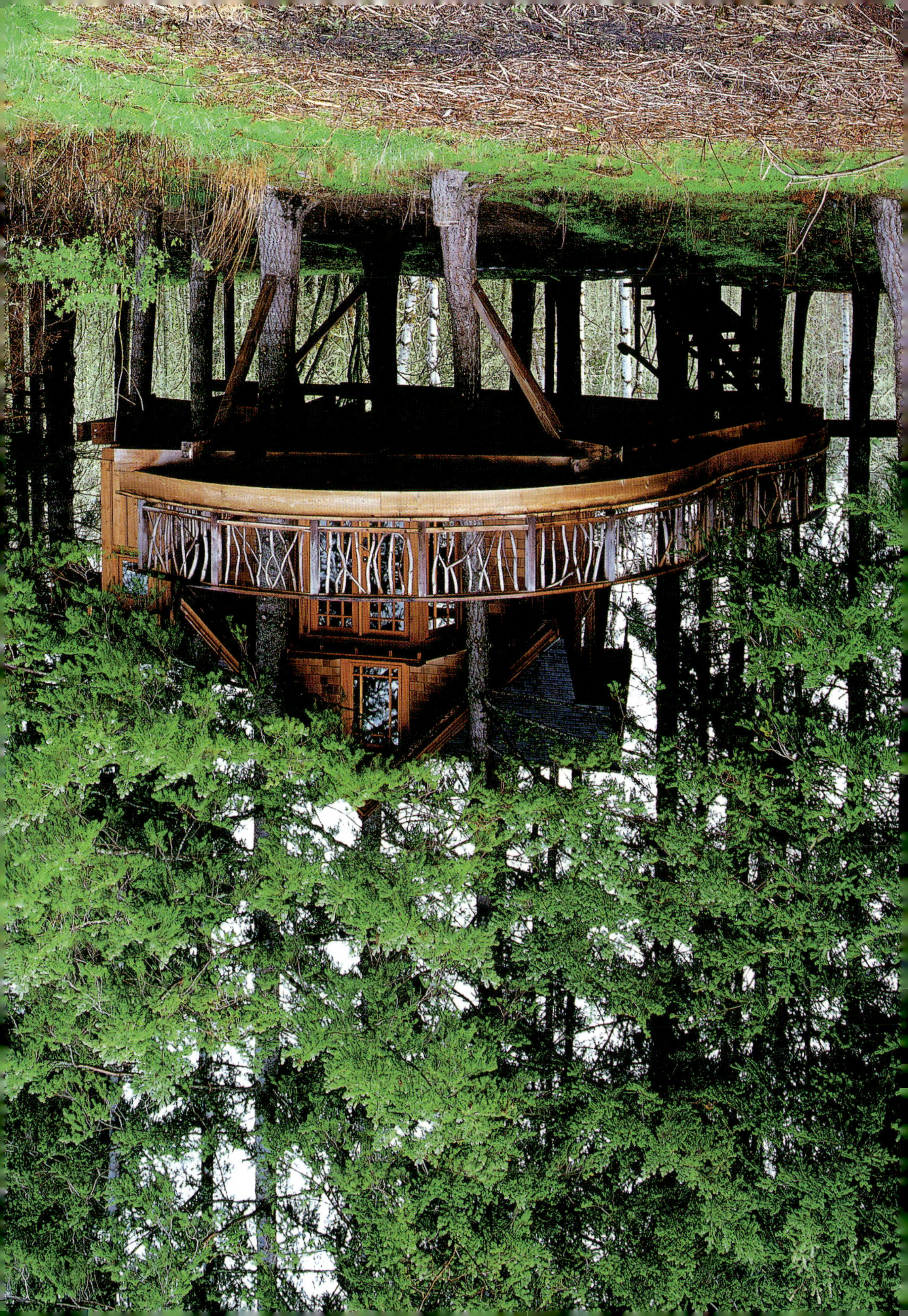

内装は私のオフィスにつくり、毎日のように活用されている

このハシゴはホに紐もふれない 重要なパーツだ。3 ギターストで水は確実そのもの

最高人気のツリーハウスというとキャメロット。広大な敷地の隅に建てられた

いっぽう、ツリーハウス・オフィスはほぼ9m²、延べ床の片隅に建てた。4.2m離れて立つ2本の米ツガをポキストリーにした。この2種に渡した3本の米松利用した階段とデッキを支えた。さらに小ぶりな2本のツリーハウスに取り付け口置の展示は、恐れられない高い扉の目があいた。建築の指揮をとったスエーン・ハイツとケムストックは、この棟梁さまま工事に参加して明け暮れた。当時の彼女たちにとって、あらたな楽しい工事体験だったのだ。

ダンカン家と同じように、ツリーハウスとメインハウスを同じく風の強い地で、その木々の揺れがストレスを感じた。風の強い地の正体ぞれ木々の揺れが持ちをとえたらそれを目覚めにつけできた。3年経ったが、今のところ木々は健康で問題なし

エントランス脇には手摺にブロンズ彫刻家剣持忠夫、そして
ロッジ二階出入口扉にそのステンドグラスをはめ込む仕掛け。

リビングの北側には小さなドーマーウインドウがあり、その隣には大きなバスルームが設けられている

客用の、ちょっと変わった階段を登ろう！

リビングルームは、松無垢材のフローリングとガラス・ブラックチェリーに樟などの木類材のエッセンスが用いられ

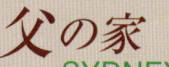

# 父の家
## SYDNEY'S TREEHOUSE アメリカ、ワシントン州スノークアルミー

『パタン・ランゲージ』という1970年代の名著がある。このなかで著者のクリストファー・アレグザンダーは、心から満足のできる建物の立地とデザインの選び方について、いくつかの方針を述べている。なかでも私は、大きな敷地に家を建てるときの原則に感銘を受けた。アレグザンダーは「もっとも建てにくいと思われる場所を選べ」と説く。いかにもふさわしい場所に建てるのは、意外な発見もなければ努力の価値もない、というのである。

シドニーのツリーハウスを建てるにあたって、私たちはこの原則を胸に刻みこんだ。それでも最後には、やっぱり敷地内でいちばん美しい木々が生えた場所を選んでしまったのだが……。偶然にも、そこはシドニーの夫ビルがときおり散策に訪れるお気に入りの場所だった。

長い間、シドニーはずっとツリーハウスを夢見ていた。ビルが生きていたころ、よく二人は木の上に家を建てようと話しあったものだが、ついつい先送りになった。ビルがこの世を去ったいま、シドニーと美しい3人の娘たちは、父の思い出として長年の夢を実行に移したのだった。

シドニーは地元の小学校の先生で、私の3人の子どもたちも教わっている。彼女の同僚からこのツリーハウス計画に地域ぐるみで協力しないかともちかけられ、私はすぐに飛びついた。この"父の家"は、今も心に残る思い出深い1棟だ。

シドニーは、ビルの形見の品々で飾られた小ぢんまりとした部屋にしたいと言った。ゆっくりと読書を楽しむため、椅子をいくつか置く。夏休みに子どもたちのための読書の課外授業の教室にも使えるような、そんなやわらかな空間にしたい——それがシドニーの願いだった。

1999年、シドニーの家族と友人たちを交えた建築チームによって、彼女の夢の空間は完成した。高さ地上4.2m、広さは10m²の部屋と、デッキが5m²。私たちの主義にもれず、ここでも廃材を主な材料とした。梁や骨組みは再生モミ材、床はオークの廃材、壁はスギの厚板、そして羽目板は2.5cm×30cmのモミ材を使った。屋根にはやはり廃材のトタン板を用い、1.8m幅の天窓をあしらった。

シドニーのツリーハウスには、彼女の細やかな愛情があふれている

5本の木に支えられた素朴な空間は、緑豊かな森の斜面にひっそりと……

支柱となる2本の木（左はスギ、右は
カエデ）を利用して階段を。手すりは
近くに落ちていた木で作った。窓はシ
ドニーが自分で調達してきた

常緑広葉樹に囲まれたデッキ

この森は苔に被われている。地面
も柔らかなクッションのようだ

背面から数メートル下りると「父の家」は木に遮られて見えなくなる

まったく初めてだったというの
に、シドニーと3人の娘たちは
こんなに素敵な内装に仕上げ
た。ご覧のとおり、彼女たちの
センスは抜群！

55

# ツリーハウス・リゾート
## OUT 'N' ABOUT TREESORT　アメリカ、オレゴン州ケイブ・ジャンクション

　オレゴン州ケイヴ・ジャンクションの近くで開催されるツリーハウス・セミナーでは、毎年少なくとも1棟はマイケル・ガルニエの新作にお目にかかれる。
　マイケルときたら、まるでベッドのシーツを変えるかのように、次から次に新しい作品を披露してくれるのだ。それらのツリーハウスは希望者に賃貸しされている。
　ここでは、彼の新作リゾート・ハウスをいくつか紹介しよう。これを見ればツリーハウスのすべてがわかる——そんな素敵な作品である。

この「めっけもののツリーハウス」の魅力はその素朴さにある。階段の手すりは、ていねいに樹皮を取り除いてヤスリがけをした手触りのいい丸太製。室内の梯子も同じ仕様

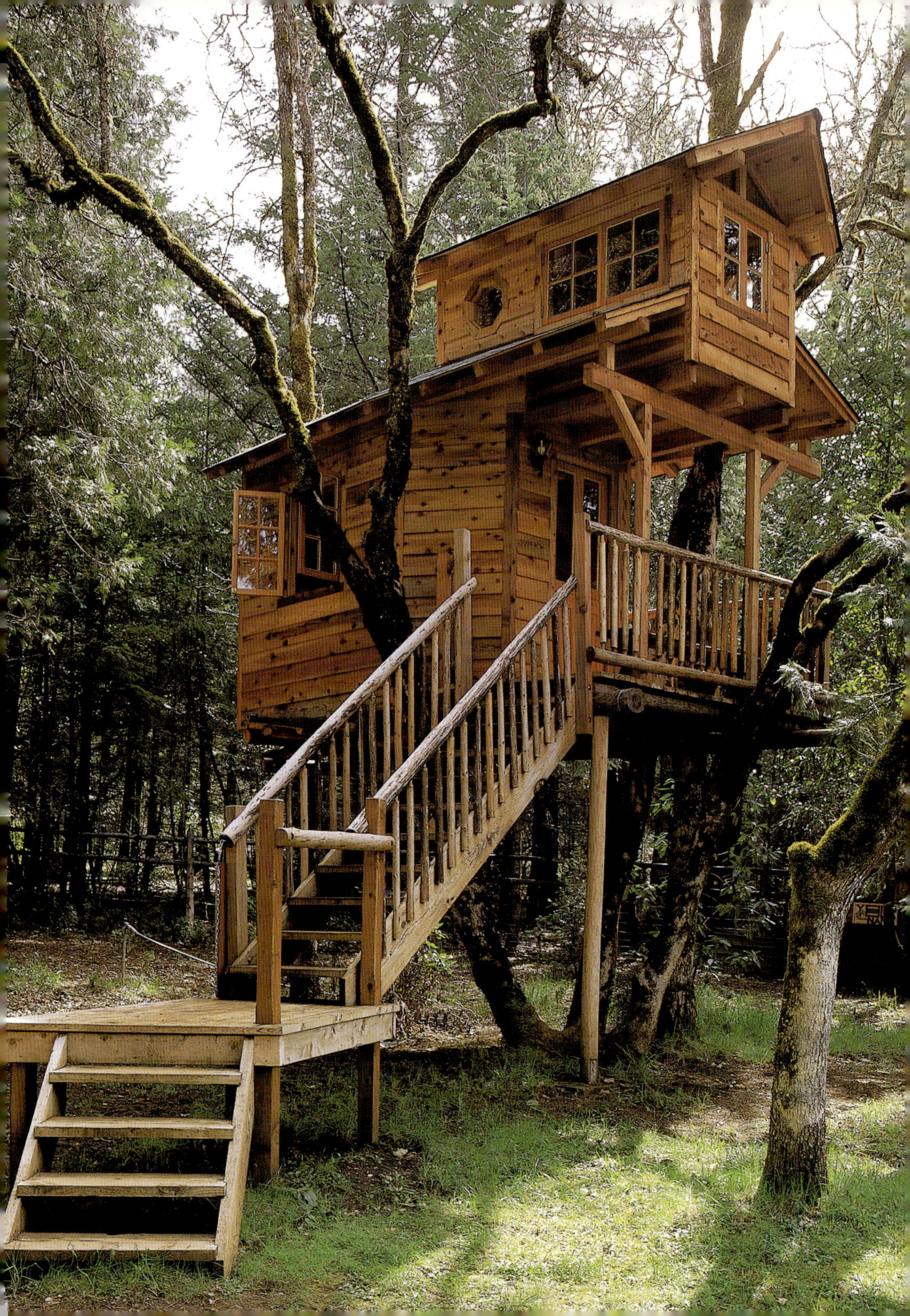

これはマイケルの作品のなかでもいちばんお洒落なスイートルーム。1泊170ドル（約18,000円）

最上部の部屋

スイートルームは1997年に作られた。小ぶりだが頑丈なホワイト・オークが使われ、内装も美しい

主寝室

「森のツリーハウス」へは揺れる18mのブリッジを渡っていく。マイケルの遊び心の表れ。
ここへたどりつくまでが一苦労。地上12mの高さまで木をよじ登らなくてはならない

マイケルが作る平家のツリーハウスは、こんなタイプの土台が多い。
幹のGLから5cm×2mのスチールパイプが延びていて、パイプの先
端は木の上部のGLに固定されたケーブルで吊られているため、デッ
キ下の方杖（斜めの支え材）は不要

「森のツリーハウス」に着いてみれば、立派な設備が完備されている。
台所もトイレもちゃんとあり、水道管は幹の内部に埋め込まれている

# 樹間の宝石
## THE B'VILLE TREEHOUSE　アメリカ、オレゴン州ポートランド

　アメリカ北西部の辺りは大木が多い。しかし、家族のためのツリーハウスを作るということで、ここポートランドに招かれた私たちが見たものは、「大きい」などというありふれた言葉がかすんでしまうようなカエデの巨木だった。

　大きな葉を茂らせたこの立派なカエデの木は、樹齢100年以上。ウィラメット川岸の砂質の土手にそびえ、手入れの行き届いた立派な私有地の一角を彩っている。根元から7方向に分かれて伸びる幹にしっかりと囲まれたツリーハウスは、直径約4.5m。この立派なカエデの巨木を見て、デザインはシンプルなほうがいいと考えた。

　カエデのたくましい"指"に摘まれた宝石のようなこの館のデザインは、ものの5分とかからずに決まった。ただ一つの問題は、依頼主が絵を描くのが好きだったこと――つまり、私たちは大工仕事でしか稼げないということだった。

　ともあれ、頭をかかえるような難問も頻発したものの、大工魂を掻きたてられた4カ月にわたる至福の作業ののちに、子どもたちも大喜びするみごとな"樹間のお屋敷"が完成した。こんなにディテールにこだわった仕事も珍しい。その出来栄えは、最初に描いたデザイン画どおり、実に満足のいく仕事だった。

彫刻家ダグラス・マクレガーとはこれまでにも一緒に仕事をしたことがある。この作品は2000年春、オレゴン州ポートランド近郊の家族のために製作してくれたもの

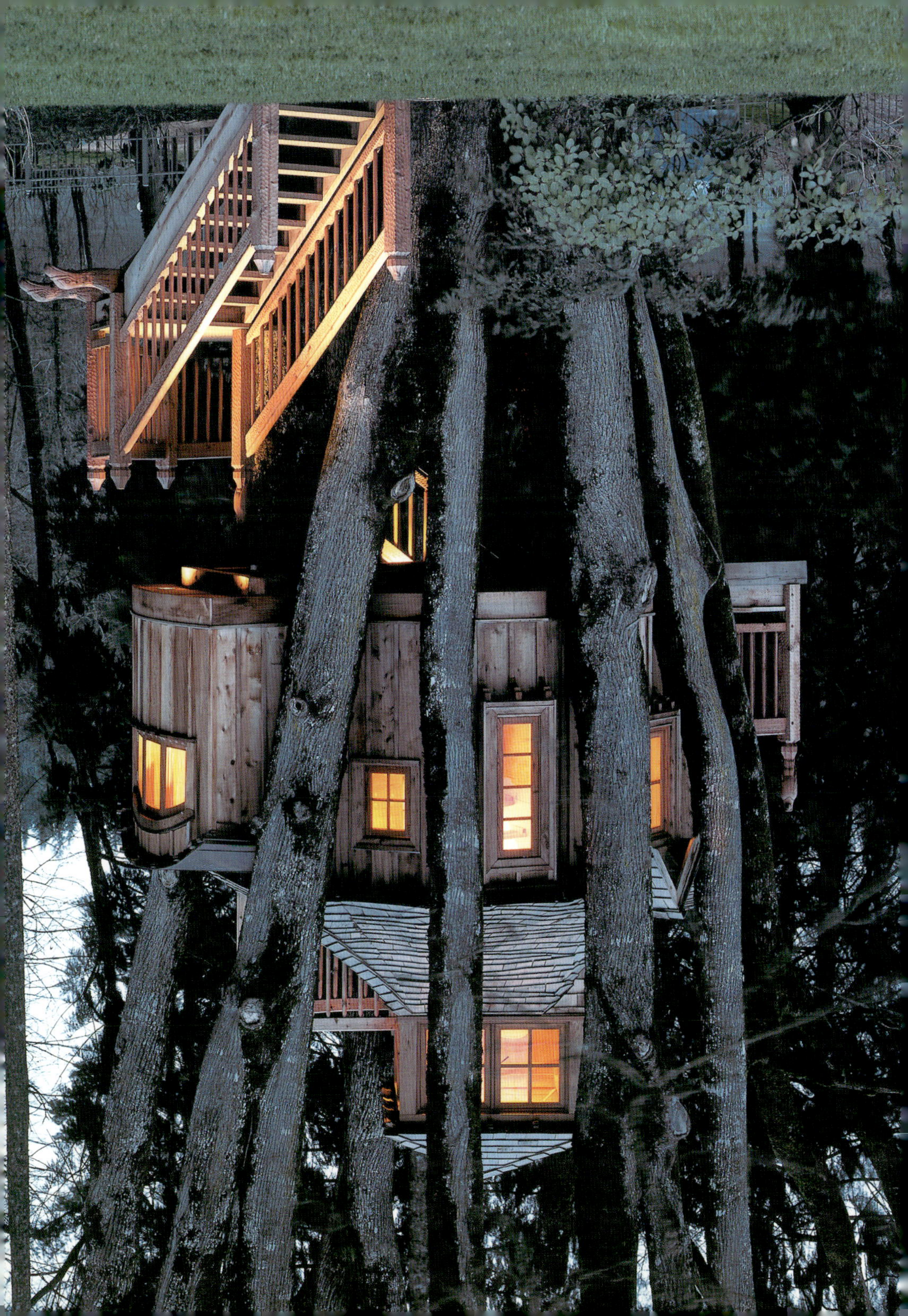

床にはアンティークのモミ材厚板、壁に
は上質のモミ、天井にも上質の米スギを
使った。工事を始めて3カ月がたった頃、
私たちは世界でいちばん幸せな大工だと
喜びを噛みしめた

内部の螺旋階段を支えてい
るのは海辺で見つけた流木

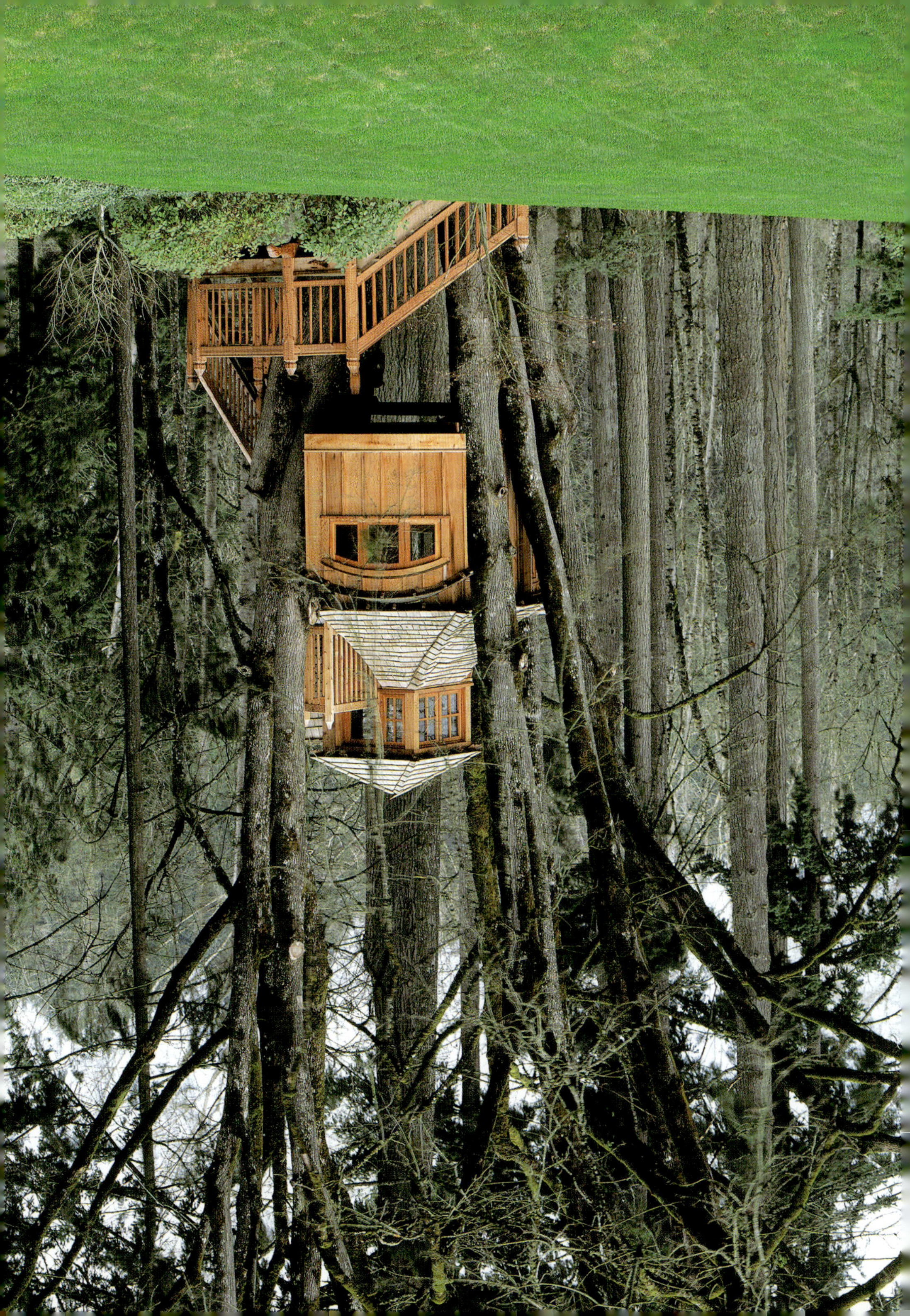

# 森の工芸品
## UPS AND DOWNS TREEHOUSE　アメリカ、カリフォルニア州ソノマ

アンドリュー・フィッシャーはこのツリーハウスから多くのことを学んだ。彼の思惑ははずれ、できあがったツリーハウスは頭に描いていたイメージからはかけ離れていた。なるほど、大工のジョナサンは最善を尽くした。しかし、どんなツリーハウスができるかは木によって決まるのだ。これは新米大工のだれもが通る道であるが、私はこの家はとてもよくできていると思う。

ジョナサンだけでなく、もちろんアンドリューがいなければこの優雅なツリーハウスは生まれなかった。第一線のインテリア・デザイナーとして活躍する彼は、みずから木工品にフォー・バイオスと呼ばれる特殊加工をほどこしたほか、内壁をルレックス（薄明かりのなかで発光する素材）で仕上げている。ご覧のとおり、夕闇に映えるこのツリーハウスの美しさといったら、芸術品に近いものがある。

外壁のセコイア材はいくぶん粗削りだが、土台に使った木の枝をうまく残すことによって全体的に雰囲気よく仕上げられた。木と森によく溶け込んだ木造工芸品と言えるだろう。

素通りしてしまうほど目立たないくせに、ふと気づいて見上げれば、これが極上のツリーハウスであることは一目瞭然。そんな憎い存在の珠玉の逸品！

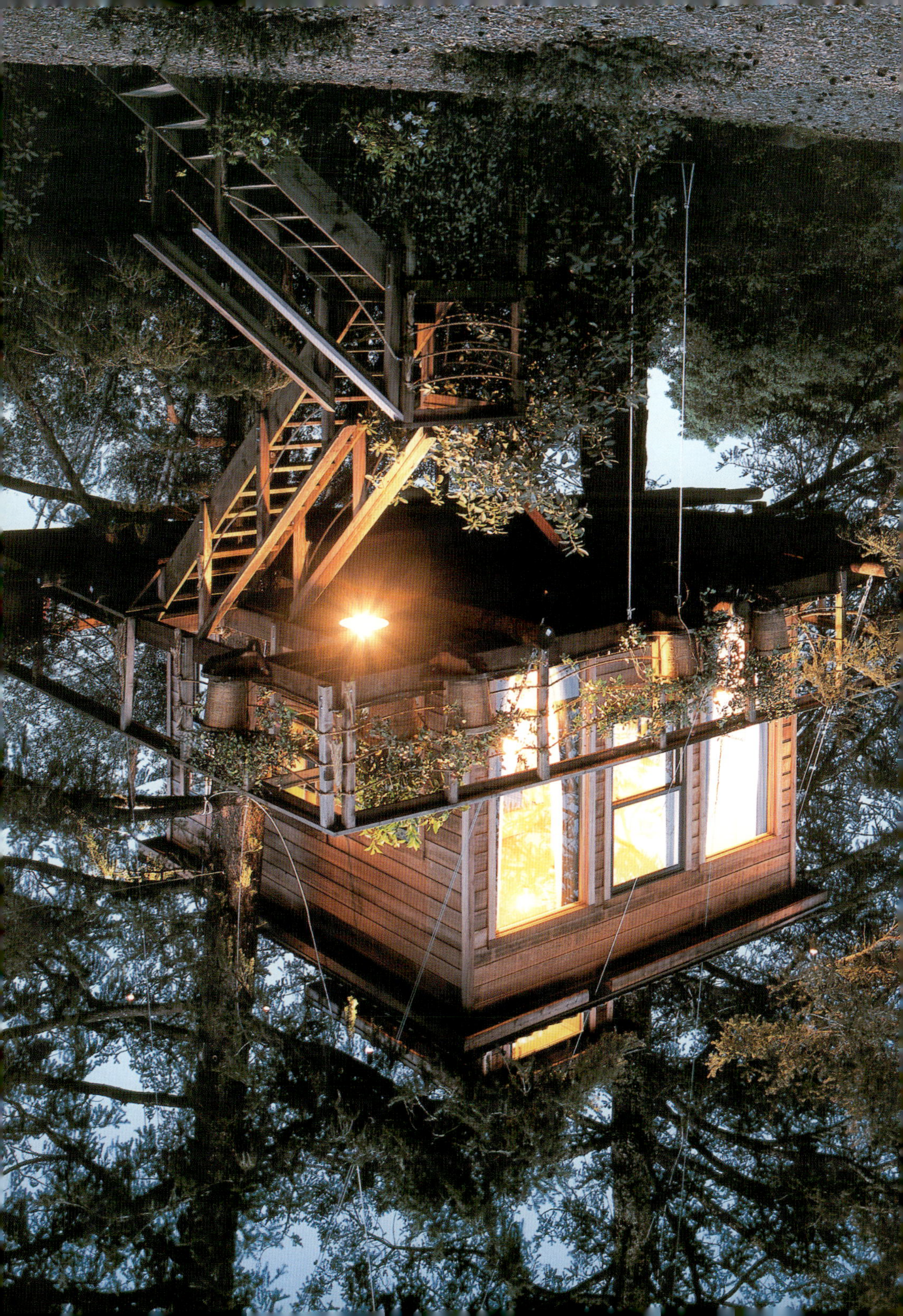

外壁はやがていい感じに老朽化し、
階段の手すりに植物がからみつく。
歳月とともに周囲にとけ込んでいく

入り口のドアはインド製。右のドアは中国製

依頼主はインテリア・デザ
イナー。さすがだ！ 窓の良
し悪しがツリーハウスの価
値を決める。眺望のいい窓
を設けることが基本

美しい木工品の数々と、薄明かりのなかで発光するルレックスで仕上げた壁。空間に美と色彩を添えるステンドグラス

デッキからはロシアン川流域の絶景が望める

# 天空の小屋
## SARAH'S TREEHOUSE アメリカ、カリフォルニア州マリンカントリー

私がアメリカ国内で暮らすなら……それを思い描ける土地はほんの数カ所しかない。その一つが中央カリフォルニア北部の湾岸地域である。だから1998年の春、友人で樹木栽培家のジョナサンがこの土地で仕事があるぞ、と声をかけてくれたときは二つ返事で飛びついた。

サラのツリーハウスは夏の別荘や農場が集まる一角にあり、タマルス湾を見下ろす北向きの斜面に建っている。サンフランシスコから北西に向かって車で1時間半のところだ。木々は北向きの斜面に生え、沖積土壌の地面は波打って岩がむき出しになっている。そんな斜面の頂上に暮らすサラと母親のフレデリカから、彼女たちのツリーハウスを作るために狩り出されたのである。

それは枝がからむように伸びた米マツだった。太平洋の強風にあおられてか、幹や枝はてんでばらばらの方向を向いている。しかし、この木はこのうえなく美しいから、ジョナサンはその大きさを生かして地上15mの高さに土台を築くことにした。そして彼は完璧な土台を築いたあと、"天空の小屋"の設計と施工のために私を呼んだのだった。

このツリーハウスはサラの夏の別荘として使われていて、ここから斜面を少し登ったところに母親フレデリカの家がある。今でもよく憶えているが、この作業ではとにかく天気に苦しめられた。激しい雨がつづいたあと、防水の私の腕時計に水がたまっていた。水を含んで腐った枝がポッキリ折れ、18mの高さから落ちてきたことも——突然メリメリッという音がしたと思ったら、頭上から黒いかたまりが落下してきた。瞬間、20キロもの大枝が耳元をかすめ、ぬかるんだ地面に突き刺さった。生きた心地がしなかった。とはいえ、終わってみれば首尾は上々、だれもケガ一つしなかった。サラはいつでも私たちを泊めてくれるという。かくしてお気に入りの土地に、素敵な定宿ができたのだった。

娘のサラと母フレデリカにとってこれは第二の家。みごとな米マツの枝の上、見上げるばかりの高さに浮いている。木自体が大西洋を見下ろす丘の斜面に立っているうえ、こんな高いところに設営されたから素晴しい展望

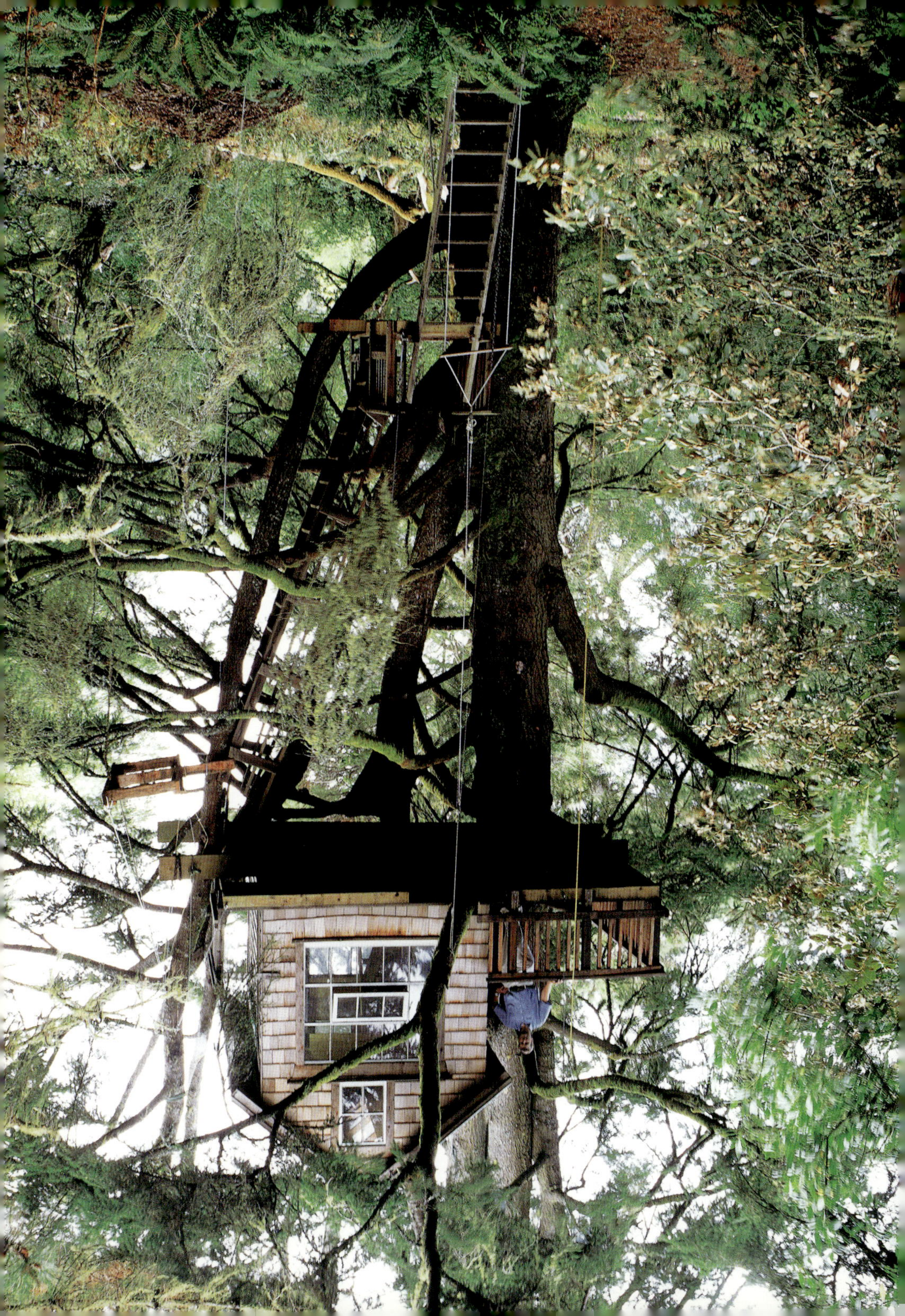

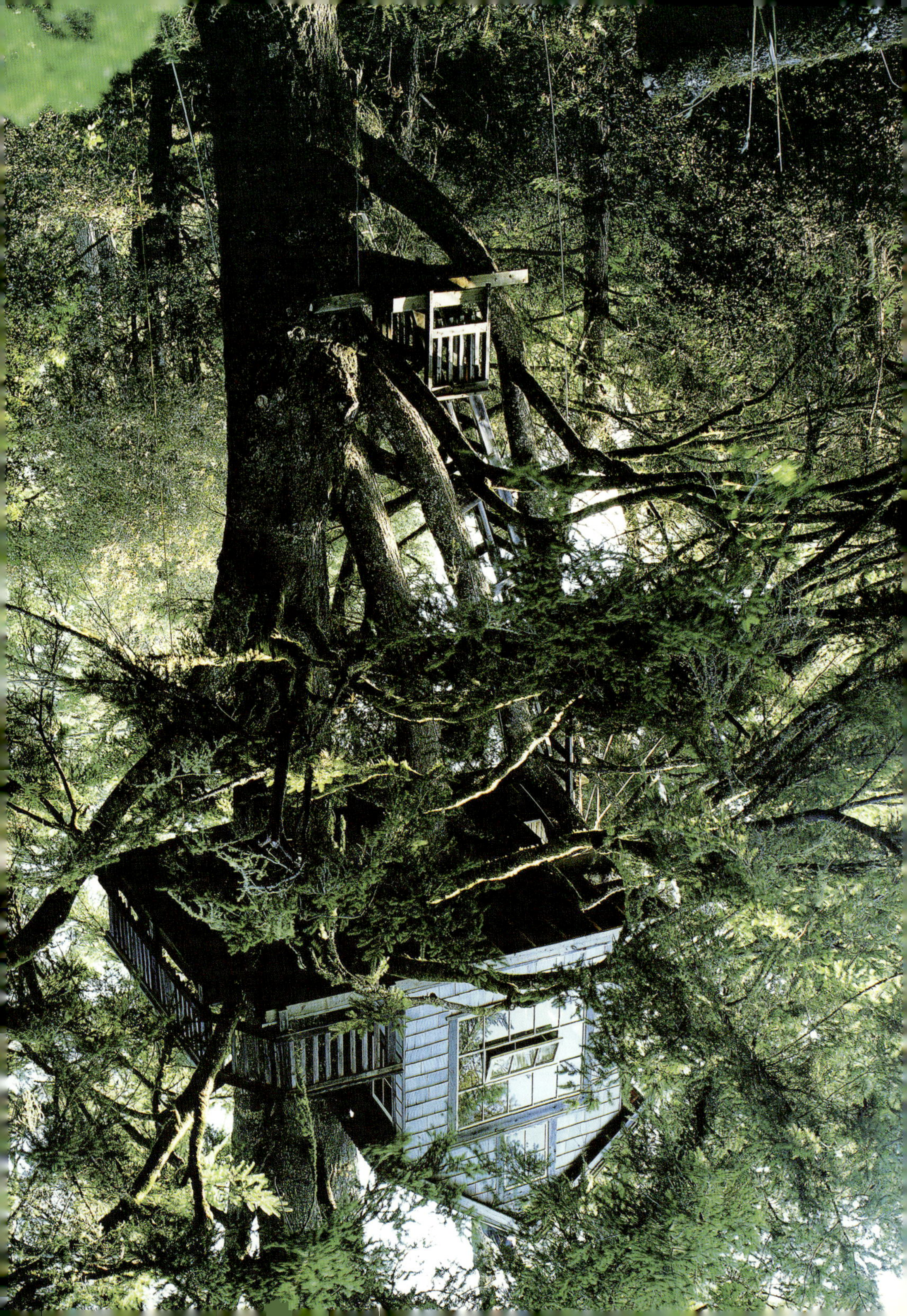

お茶目なジョナサンはこんなブランコも作った。いつもこんな痕跡を残していく

屋根裏部屋は小さいながらも居心地がよく、夏はとくに快適だ

屋根裏部屋から見下ろした室内。手前はストーブ。両端のひさしを利用して、向き合うように2室作られている

工事中に切り落とした枝の傷跡は、6年の間にすっかり癒されていた

# ボーイスカウト・ロッジ
## BOY SCOUT TREEHOUSES　アメリカ、ワシントン州シアトル

　ツリーハウス作りでたくさんの人たちに出会ってきたが、ラルフ・アームストロング博士ほど人を乗せるのがうまい人物は思い浮かばない。「私の飛行機でお迎えにあがりましょう」という博士の言葉は一生忘れないだろう。この言葉に私たちはたちまち舞い上がってしまったのだが、いざモンローの地へ博士を訪ねると、すでに私たちは博士のニューオーリンズでのプロジェクトに参加することになっていた（この予定外の出来事に、私は妻に頼み込んで許しを乞わなくてはならなかった）。運よく近くまで行く用事があったので、私たちはそこからニューオーリンズへ出向くことにした。そう伝えると、博士は「どこへでも自家用機を迎えにやりますから」と言う。これがアームストロング博士である。

　ラルフ博士（地元では親しみを込めてこう呼ばれる）は産科医だった。とりあげた赤ん坊はざっと14,000人、と聞けば、彼の言葉に説得力のある不思議な魔力が宿っているのもうなずける。結局、いとも簡単に丸めこまれ、私は予定を7日も延長して博士につき合うことになった。おかげで結婚式が挙げられるくらいのお金がかかったが、私は生涯の友を得ることができた。

　それから夏が二回過ぎたあと、私たちはふたたび博士に招かれ、またしても手厚い歓待を受けた。博士はモンローでボーイスカウトのために5棟のツリーハウスを作ろうとしていた。博士の壮大な夢が叶えられたのは、尊敬する橋梁大工キャロル・ヴォーゲルとその部下たちのおかげである。心に残る仕事の一つだ。

5棟のツリーハウスは金属製の
ブリッジでつながっている

1997年冬に完成した一棟目は「アカリア・ロッジ」と呼ばれている

初めての出会いから 2 年後、私たちはこのツリーハウスを作るために再会した

南部気質をもつラルフ博士と夫人は、私たちを
とても手厚くもてなしてくれる。このロッジ5
棟は彼らの温かい心から生まれたものだ

ボーイスカウトのためのツリーハ
ウスは簡素でしっかりとした造り

# 街の児童館
## WELCH TREEHOUSE  アメリカ、ミシシッピー州クリントン

　子どもたちのために作られたこのヴィクトリアン・スタイルの小ぎれいなツリーハウスが、いまクリントン市で物議をかもしている。市から"違法建築"であるとして取り壊しを命じられたからだ。しかし、ウェルチ家はそれを拒否して裁判に持ち込み、みごと勝利して、自宅の庭に建てたこのツリーハウスを守ることができた。

　ところが、市はその裁判の結果に異議をとなえ、さらに州裁判所に控訴している。

　この辺りには、家の前や脇に不要な建物を建ててはいけないという法律がある。なんとか例外として認めてほしいところだが、それは無理なのだろうか。

　世論はみなウェルチ家に味方しているというのに、クリントンの市会議員は5対2の多数決で控訴を決めた。彼らにはこの素敵なツリーハウスの良さと遊び心がわからないとみえる。

　さて、この興味深い裁判の行方はどうなるのか？　ウェルチ家のウェブサイト<http://www.SaveOurTreehouse.com>で逐一報告されるので、どうか温かく見守ってあげてください。

ウェルチ家の人びとは、このツリーハウスを守るために3年も裁判を闘ってきた。かわいい子どもたちのためのツリーハウスか、それとも無用の長物か？　あなたはどう思いますか？

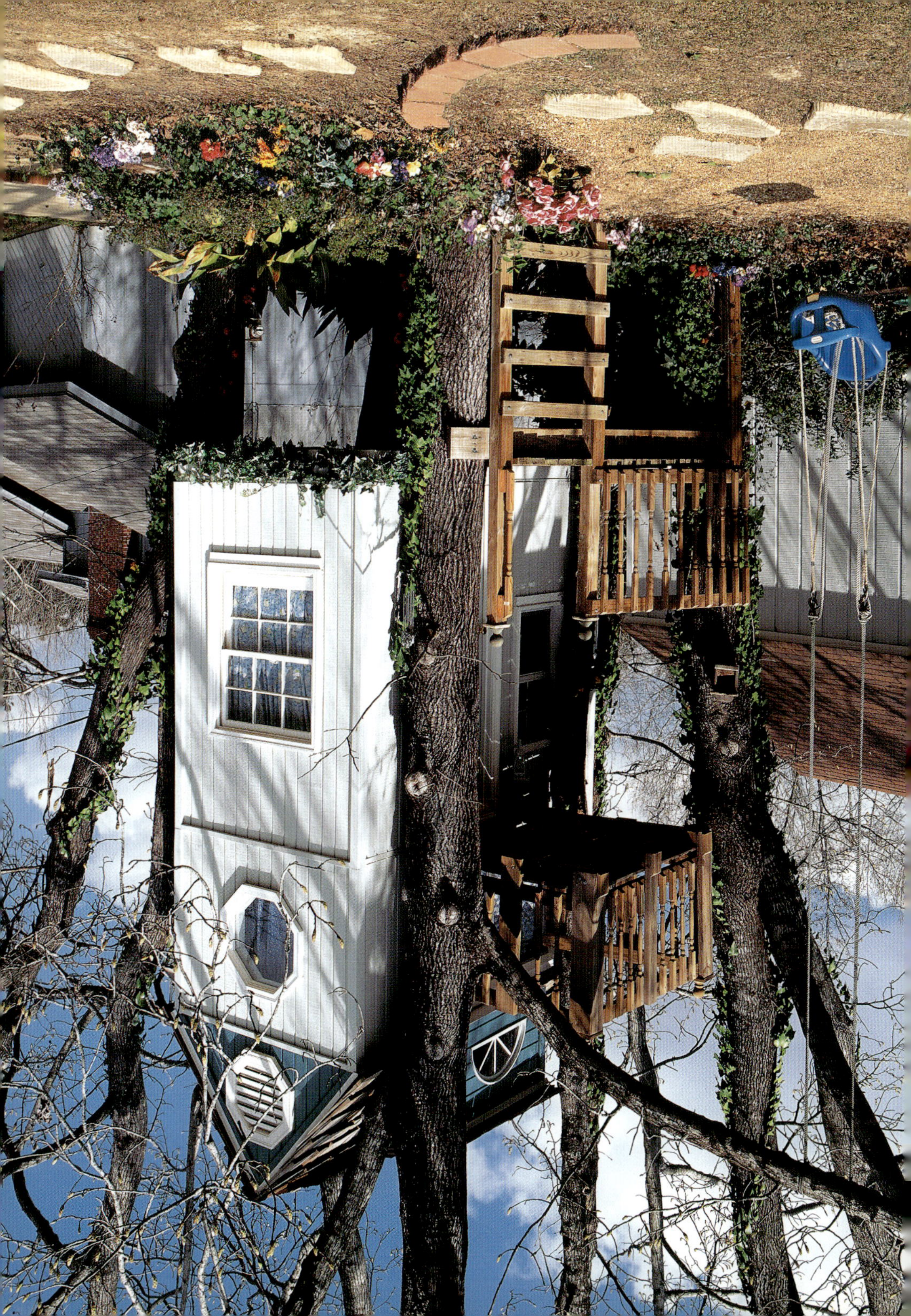

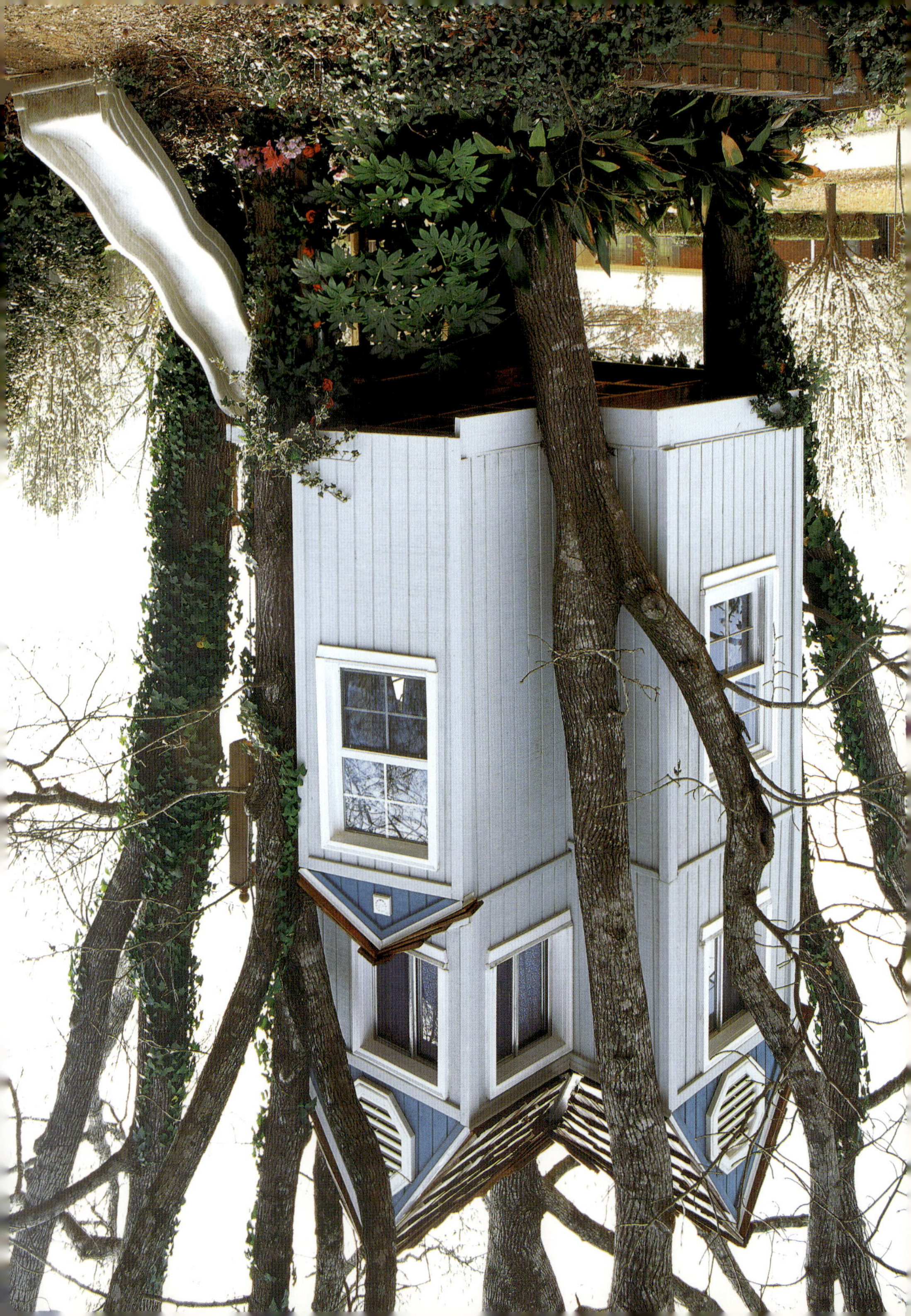

こんなに素敵なツリーハウスが、なぜ
"お上"から虐待を受けるのだろう？
ツリーハウスは家族みんなが愛する大
切な空間なのだ。内装もこんなに凝っ
て夢のある空間に……

# アーティストの造形
## MILES'S TREEHOUSE　アメリカ、ニューヨーク州ロング・アイランド

　アーティストのロデリック・ロメロは、いつもユニークな人たちと仕事をしている。今回の依頼主はファッション・デザイナーのダナ・キャランだ。二人はニューヨークのヨガ教室で知り合い、ダナはさっそくロメロをロング・アイランドにある彼女の邸宅に招待した。そして孫のマイルスのために、ダナはツリーハウスを作りたいのだけれど、と切りだした。。

　「よければ手伝いにこないか？」とロメロは私に電話をくれた。もちろん返事はイエスだ。ロング・アイランドは私の生まれ故郷で、いつだって帰りたい愛しい場所である。

　マイルスはツリーハウスを愛し、しかもセンスのいい最高のお客さまだった。

　ロメロはすぐれたデザインを考えだし、奇抜な素材を次々と提案した。私と仲間のイアン・ジョーンズは二人に4日間つきあい、土台と壁面の設営を終えて、あとはロメロに任せた。そしてこの素敵なツリーハウスができたのだ。私としては、銅版を使った屋根、自然木で作った梯子とデッキの手すりが気に入っている。

アンティークの扉とダイヤ型の窓で出迎えるマイルスのツリーハウス。楽しかったロメロとの初めての共同作業は、かけがえのない思い出だ

廃材がふんだんに利用されており、この梯子も近くから拾ってきた木で作られている

ロメロのデザインと素材選びのセンスは素晴しい。古い窓枠や廃材は、彼がどこかで調達してきたもの

これが世界的デザイナー、ダナ・キャランが孫のために建てたツリーハウス

味わい深いマッシュルーム・ウッドの外壁。
ニューヨークの苛酷な気候に耐えられれば
いいのだが……

この写真を撮ったあと、ロメロはここにディジリドゥー（オース
トラリアの民俗楽器）を作り付け、マイルスと弟のマーサーを喜
ばせた。マイルスは、ロメロの大工仲間が少し手ほどきしただけ
でこの楽器を吹きこなし、才能のあることを見せつけた

中央を貫くみごとなシルバー・
オークの木を引き立てるため、
クルミ材の床は濃い色に染めた

# マンハッタンの柳
## ALPHABET CITY TREEHOUSE   アメリカ、ニューヨーク州ニューヨーク

　20年前、ジュリー・カークパトリックは息子を生み、焼き払われてさら地となった一画に1本の柳の木を植えた。場所は治安の悪さで知られたマンハッタンのアルファベット・シティ。ドラッグ中毒者と犯罪者に占拠されたこの町を、住民たちは昔の姿に戻そうと立ち上がったのだ。ジュリーもその一人だった。

　20年のあいだに住民たちの活動は実を結び、柳の木は立派に成長した。ジュリーは真下に地下水脈が走っていることを知って、この場所に柳を植えたのだった。

　C通りとD通りを結ぶ4丁目通りに面したこの公園は、「楽園の庭」と呼ばれている。アルファベット・シティ——通りをアルファベットで呼ぶことからこの名がついた——は、かつての汚名をぬぐい去り、今ではさまざまな人種が平和に暮らす町として知られている。

　数年前、シアトルからマンハッタンに移ってきたロデリック・ロメロは、この柳をひと目みて、一風変わったツリーハウスを作ろうと決めた。たしかに、なんとも涼しげな鳥の巣のようなテラス……憩いの場にふさわしい。

ロデリック・ロメロは、この面白いツリーハウスを作るために何ヶ月も当局と交渉を重ねた。子どもだけじゃない、大人だってツリーハウスと聞けばわくわくする。高さわずか2mのこの「鳥の巣」が、住民たちの心を癒してくれる

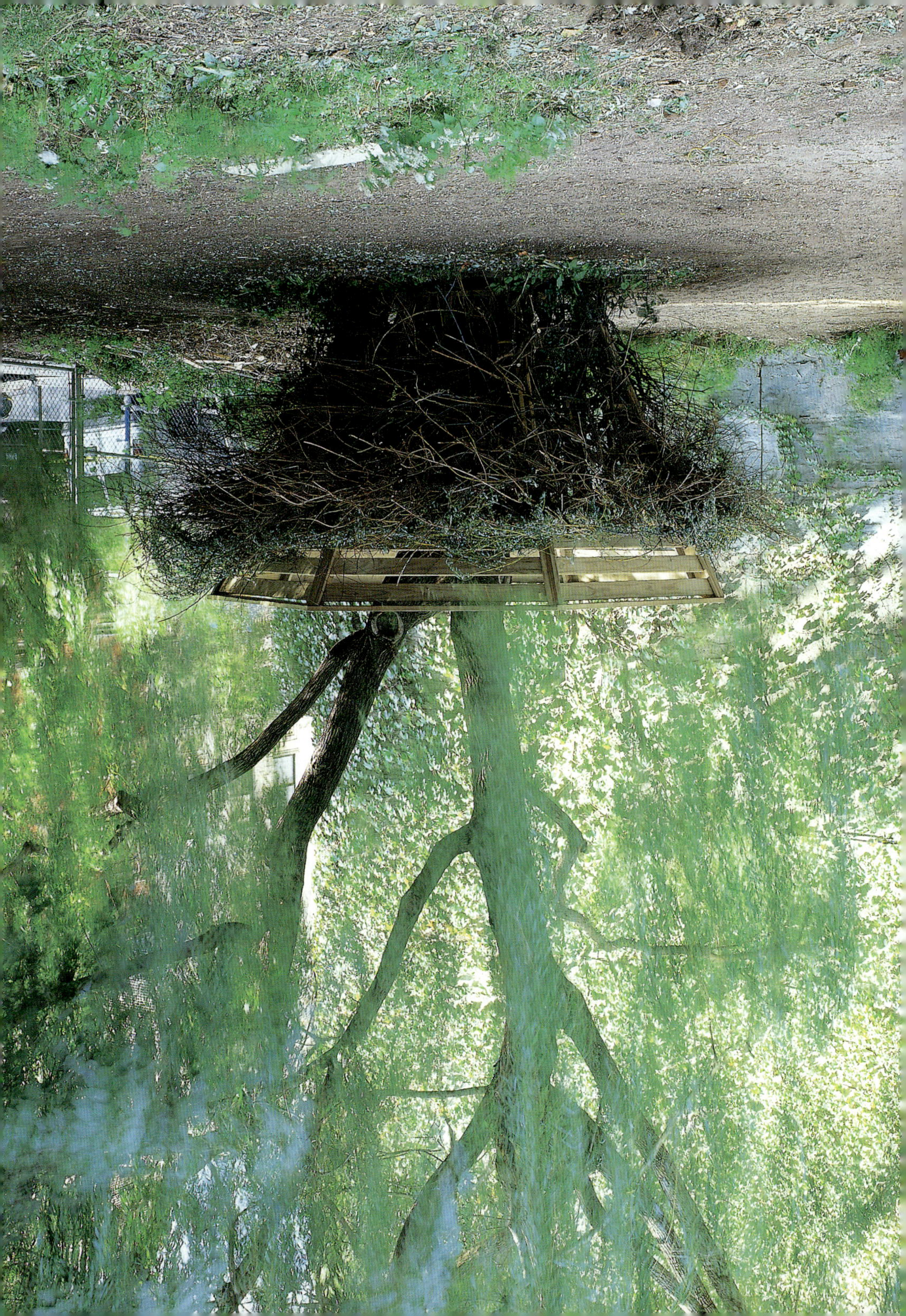

# お伽の国の家
## BIALSKI TREEHOUSE
アメリカ、ニューヨーク州ブリッジハンプトン

　構造から言えば、これはツリーハウスではない。高床式の家だ。しかし、造りが
あまりに魅力的で、しかもツリーハウスの精神を宿している。ということで、ぜひ
紹介しておきたい。

　このお伽の国にあるような不思議な雰囲気の漂う家は、ニューヨークのブルック
ヘイヴン生まれの彫刻家、マイケル・インスの手になるもの。インスはロング・ア
イランドのグレート・サウス・ベイで活動しており、その個性的で洗練されたセン
スには脱帽する。彼は、モミの再生材や、周辺をかけずり回って集めてきたさまざ
まな木片を整形するのに帯鋸を使っている。インスの彫刻はどれも素晴らしく、そ
のうち現代美術家として注目を浴びるのも時間の問題だろう。

　このツリーハウスは、ジェイ・ビアルスキの子どもたちのために作られた。あち
こちに施された楽しい仕掛けに思わず笑みがこぼれる、珠玉のツリーハウスだ。

ロング・アイランドにたたずむインスのファンタジックな家

楽しげにあしらわれた廃木、急すぎるほ
どの屋根と不安定な曲線、丸や四角のく
り抜き穴……遊び心をくすぐる夢の空間

あっという間に藤のツルに覆われてしまう……
オーナーはこまめに草刈りをしなくては

夢の世界へ誘う小さな架け橋

この素敵な子供用家具もインスの作品

# 三階建て子供部屋
## ARMOUR TREEHOUSE　アメリカ、コネティカット州ニュー・ヘイヴン

「僕が作ったツリーハウスがもう一つあるんだけど、見るかい？」

ブリッジハンプトンの素敵なツリーハウスを見たあと、インスのこの言葉に私たちは「もちろん！」と大声で答えた。

コネティカット州のニュー・ヘイヴンに、3階建てのツリーハウスを作ったのだという。「でも、まだ未完成なんだがね」とインスは念を押すように言った。

そればかりか、あれはもう完成させられないかもしれない、とも……。

そして3時間後、私たちはゴーディー・アーマー家に到着した。アーマー家のツリーハウスを見上げたとたん、私はつぶやいた。

「これの、どこが未完成なんだ……？」

各階に、アーマー家の子どもたちの名前がつけられている。下から、「ロビンの隠れ家」、「シャーロットの巣」、「トビーの塔」と。

またしても奇抜なインスのツリーハウス。思わず中へ吸い寄せられるような入り口だ

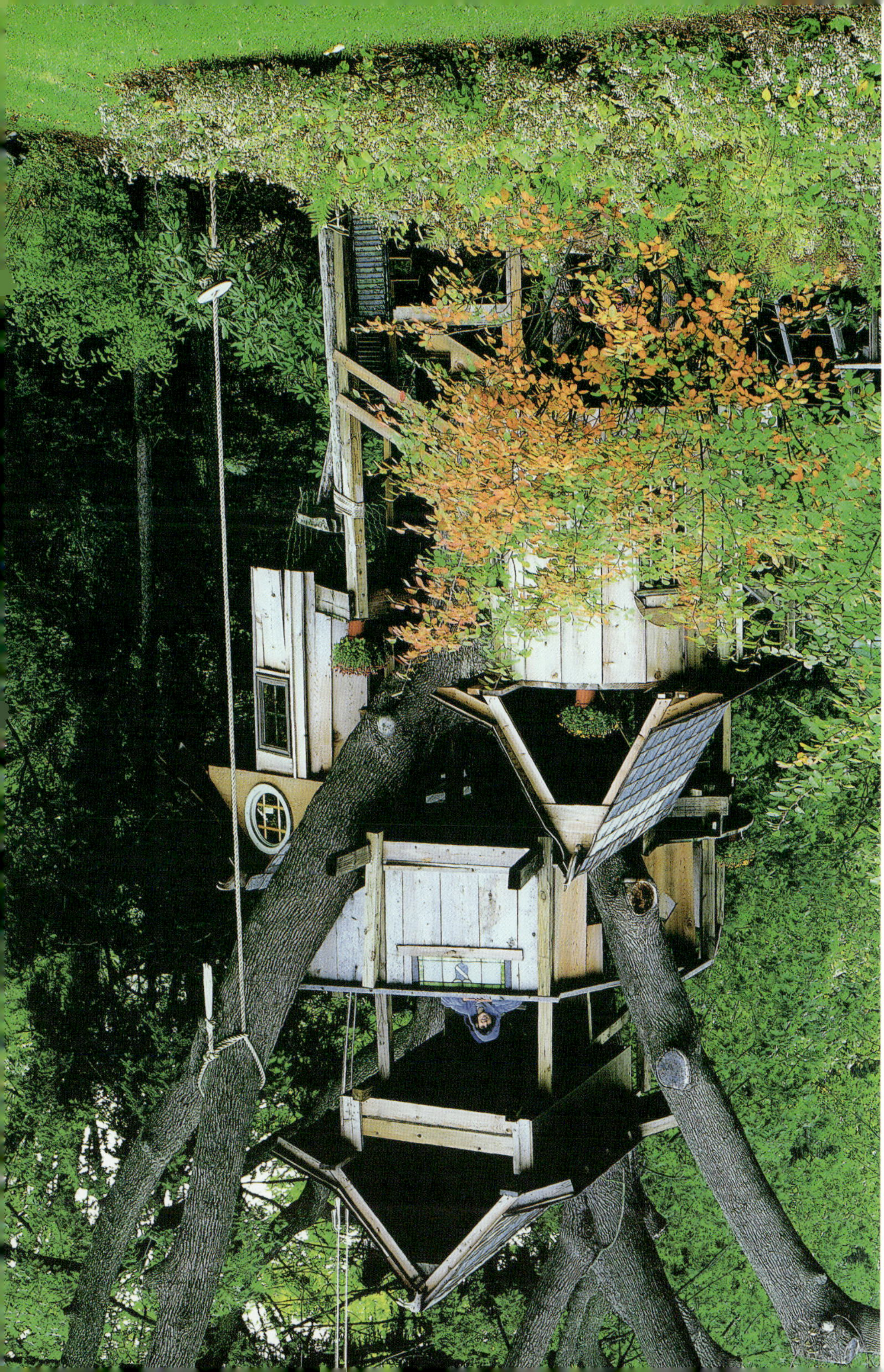

階段には3つの曲がり角があり、
木をぐるりと囲むかたちでトビ
ーの塔に通じている

階段の途中にある小部屋

背面から見たところ

イカのような形をした屋根飾り。
インスの独創性を物語っている

# 庭園の離れ
## ROSS TREEHOUSE
アメリカ、マサチューセッツ州ウェスト・ファルマス

人は思いがけないきっかけからツリーハウスにのめり込む。マーサ・ロスは、北西部に暮らす私の親友で大工仲間のナットの母親だ。ナットと私が作っているのを見聞きして、彼女はツリーハウスに興味を持ちはじめた。私はさして気にとめていなかったのだが、それから数年後、一通の手紙が舞い込んだ。

「ツリーハウスを建てたい、来年の夏にほしい」と書かれてあり、「ところで、これは手付金です」とも……。私はこんな申し出に弱い。しかし、こんなにあっさりと引き受けた仕事もないだろう。

ナットの両親は気さくな人たちで、とても美しいところに住んでいる。家は港の突端にあり、ビーチは白砂が輝き、海には小舟が浮かぶ絵に描いたような風景が広がる。2000年の夏に工事をすることが決まり、私は二人の仲間とともに敷地内にあるゲストハウスに泊まった。たまたまナットはすぐ近くで別の工事の仕事が入っていたので、彼にも手伝ってもらえる見込みがあった。

マーサはゴルフとカードゲームを楽しむ仲良しグループをつくっている。そんな仲間たちをもてなす場にしたいの、とマーサは言った。さらに、朝のコーヒーを楽しむキッチンから、目を癒してくれる風景が眺められることを望んでいた。

このツリーハウスは、周囲に立ち並ぶ別荘と調和させるために、奇抜でなく、遠くからでもよく見えるように設計された。そのため、基礎にはしっかりとした米マツの古木を、外壁には2.5cm×20cmのモミを選んだ。床も幅広のモミ材で、屋根には2.5cm×10cmのモミ材や米スギの板を用いた。

大引きはマツの再生材を使っている。2本のオークをホストツリーにし、直径20cm～25cmのヒマラヤ・スギを調達してきて支柱にした。窓どドアは、私たちが数年前にオレゴン州のポートランドで仕入れた中古を再生した。

マーサは庭づくりに熱心で、水辺の邸宅はヴィクトリア様式の優雅な庭で彩られている。上品で趣味がよく、膝丈の古い石壁で囲まれた美しい庭だ。ツリーハウスは、この母屋のかたわらにある。

椅子が置かれ、穏やかな雰囲気のフロント・デッキ

この辺りの素朴な家に敬意を表して、こんなデザインに

背面より。黄色い電線はツリーハウスの標準装備

こんな別荘なら夏も楽しく過ごせようというもの。
奇抜な印象を与えないよう、壁板は低めに抑えた。
屋根線は、高さ195cmのドアに合わせて持ち上げた

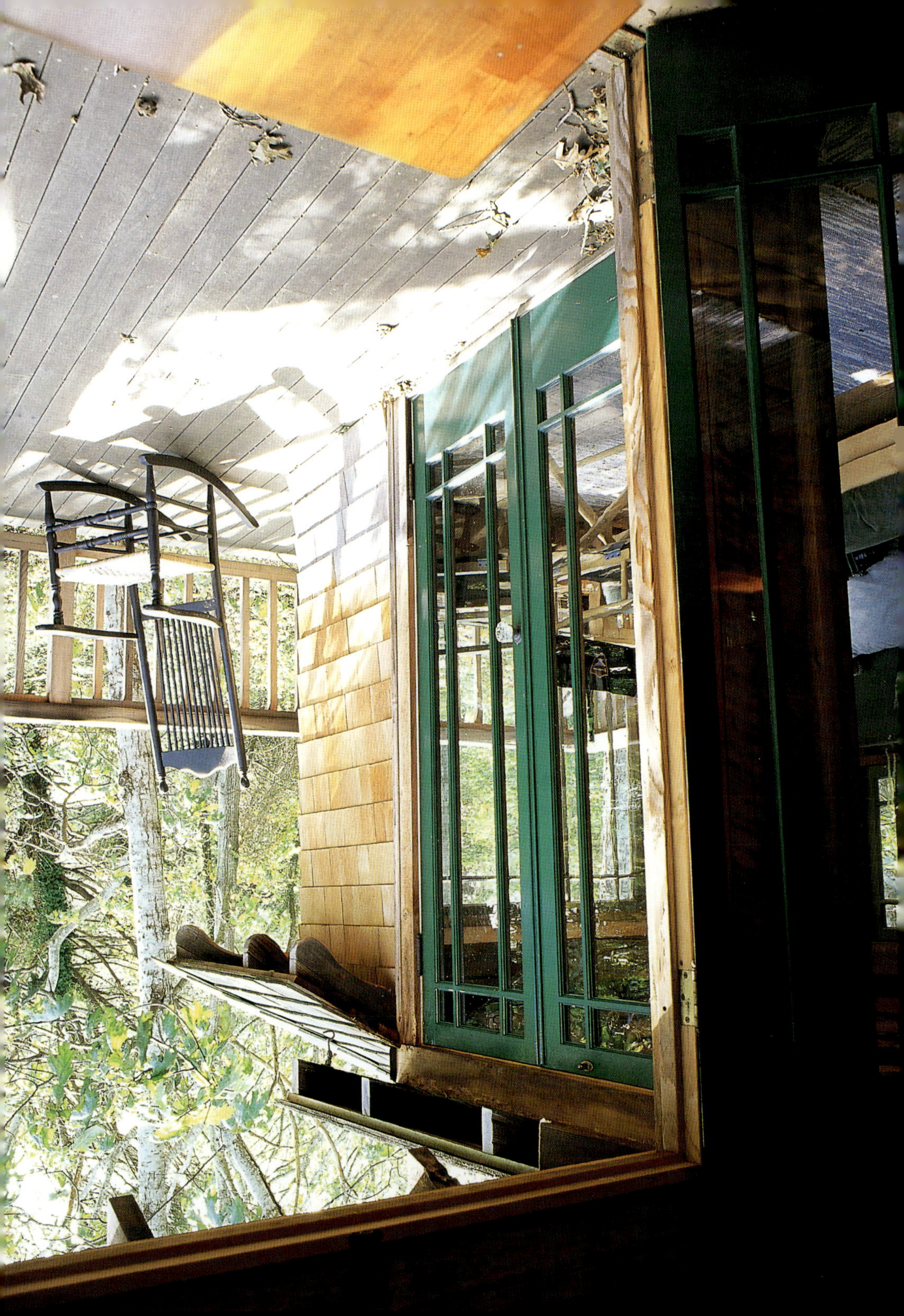

# 永遠の夢の家
## FOREVER YOUNG TREEHOUSE　アメリカ、バーモント州バーリントン

　保険外交員のビル・アレンから電話をもらったのは6年前のことだった。車椅子が使えるツリーハウスを建てたい——ビルはそんな夢を語り、私に意見を求めた。私はすぐにでも大陸の反対側にいる彼のもとに飛んで行きたかった。しかし、私はフォール・シティに家族といて動けないものだから、そうもいかなかったのだ。

　それから3年後、オレゴンで開かれたツリーハウス見本市に、作品の写真を手にしたビルの姿があった。彼は夢を実現し、すでに車椅子が使えるツリーハウスを2棟も建てていた。当然ながら「フォーエバー・ヤング・ツリーハウス社」は注目の的となった。

　ビル・アレンはそれまでまったく縁のなかったツリーハウスの世界に飛び込み、ジェームズ少年のツリーハウスを完成させた。ビルは、難病と闘う子どもたちの夢を叶えるボランティア団体「メイク・ア・ウィッシュ」のバーリントン支部長をしていて、ツリーハウスに住んでみたいというジェームズ少年の夢を叶えたのである。

ジェームズは神経系の機能障害におかされ、動くことと話すことの自由を奪われた。ツリーハウスは彼に新しい世界をもたらした

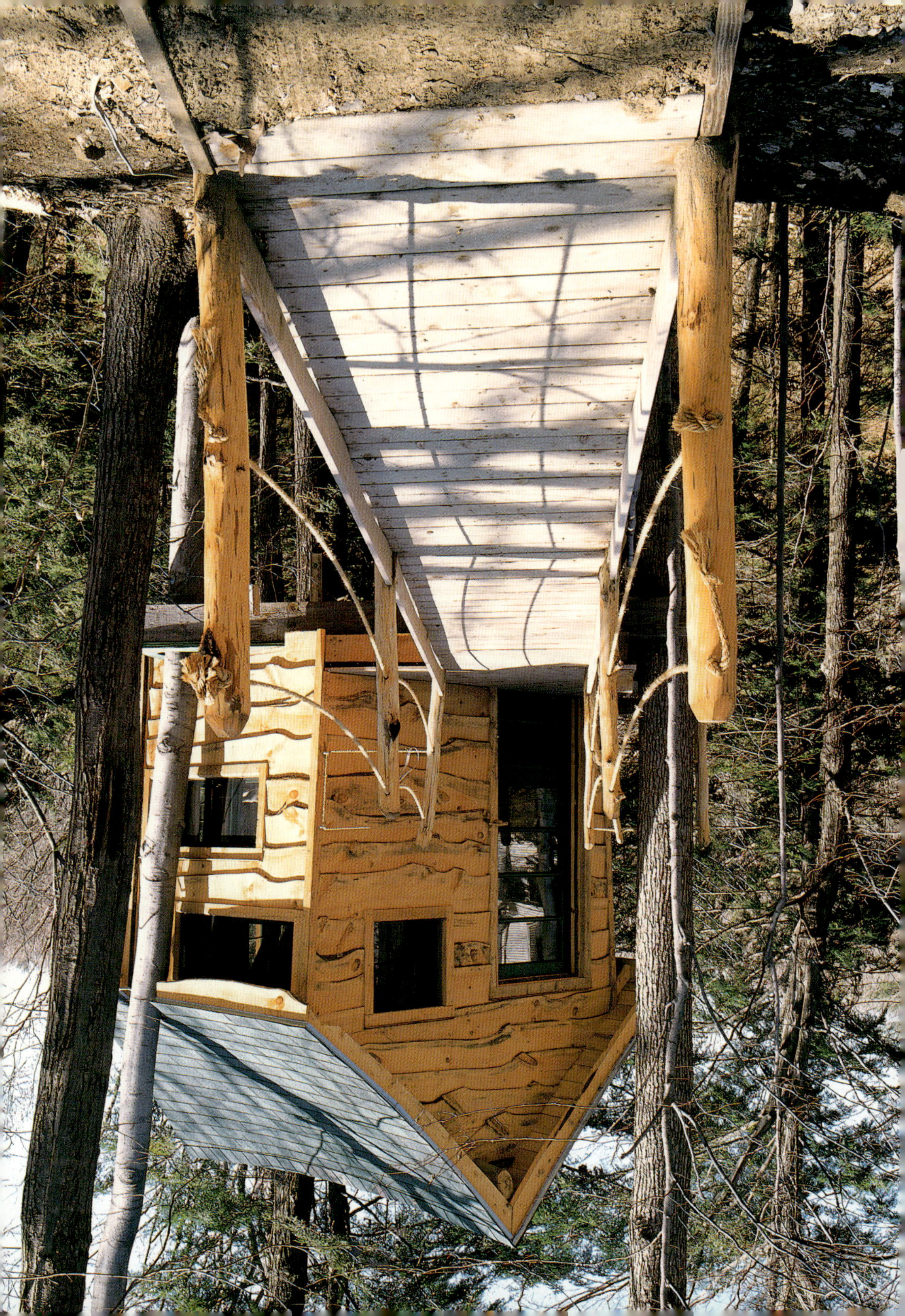

この小っちゃなツリーハウスには何ともいえない不思議な魅力がある。
なめらかな壁の曲線か、それとも斜めに突き出た入り口のせいか……。
二つの頂点をもつ屋根のラインも私のお気に入り

ビルの要請を受けて、バーモント州ウォ
レンにあるエスタモロー・デザイン建築
学校の学生と教師たちが作ったツリーハ
ウス。愉快な実験作である。とても自由
な空間。きっと学校の課外スペースとし
て大活躍するにちがいない

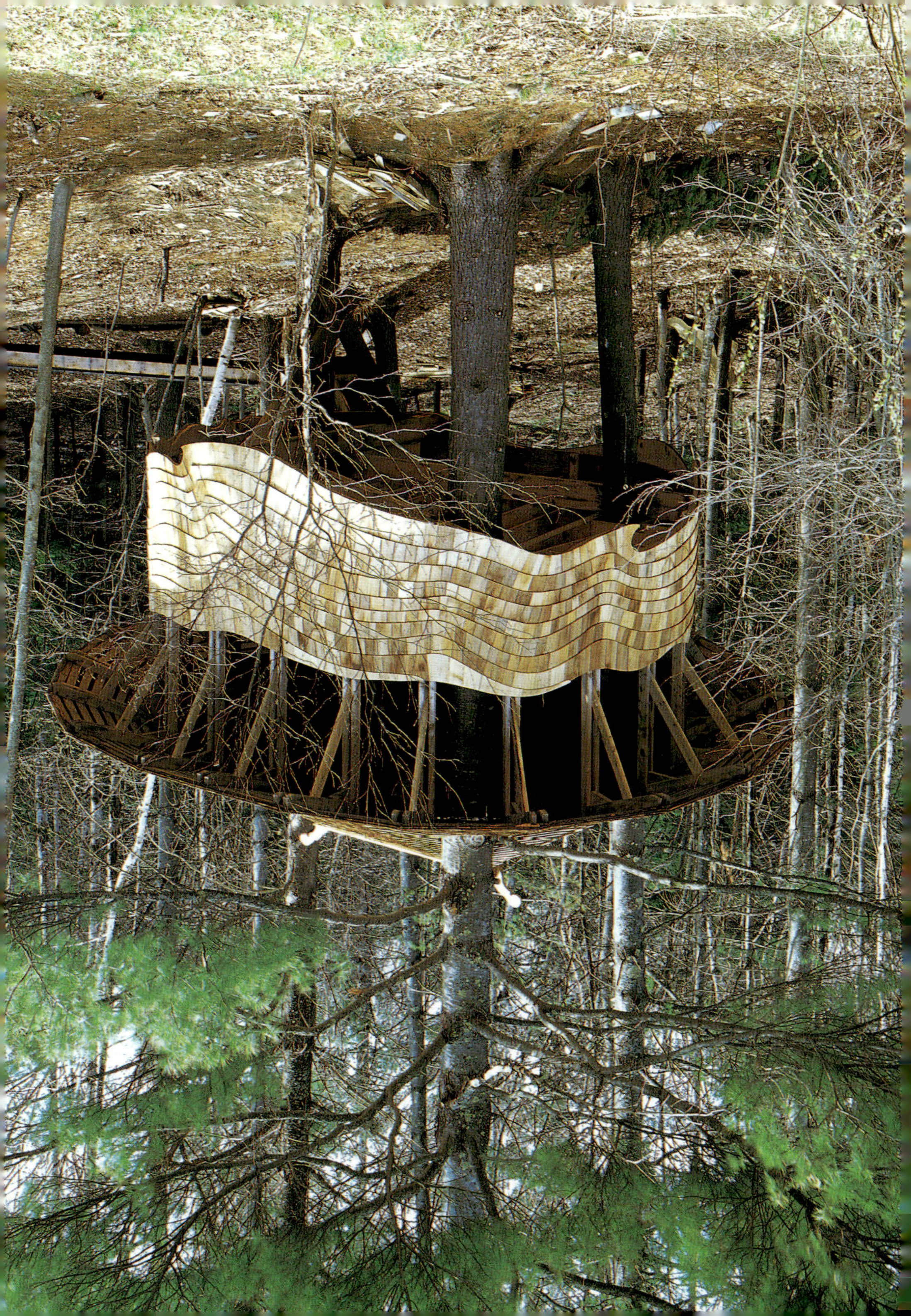

コネティカット州アシュフォードにある「ホール・イン・ザ・ウォール・キャンプ」（難病と闘う子どもたちのための医療設備の整ったキャンプ。俳優ポール・ニューマンの財団が運営）。木々の間を縫うように走る全長90mのスロープは、子どもたちに大人気

スロープを登りきり、この素敵なツリーハウスを見つけた子どもたちは歓声をあげる

キャンプ内にある建物は、どれも1880年代の西部の
町をイメージして作られている。広さ54m²のこのツ
リーハウスもしかり。ドア、窓、屋根のゆがみ具合
は、まるで山賊のアジトのようだ

バーリントンの北にあるコルチェスターのキャンプ場。林間を縫うように走る全長36mの
スロープの先には、シャンプレイン湖を見晴らすツリーハウスが。キャンプ場の係員はクラブハウスで交代で睡眠をとる。「これまでツリーハウスは一部の人だけのものだった。
フォーエバー・ヤング社によって、それが変わろうとしている」とビル・アレンは言う

設計者は家具造りの職人にして
大工の棟梁もつとめるジェーム
ズ・ロス。室内はとても暖かな
雰囲気に包まれている。訪れた
ときは木々の葉が落ちていて、
ちょうどいい写真が撮れた

スロープは「アメリカ障害者法」
にのっとり、30cmごとに2.5cm
の勾配がつけてある。ツリーハウ
スにつながるこのなだらかなスロ
ープを通って、子どもたちは木々
に触れ親しむことができる

# スターウォーズ・カプセル
## EWOK TREEHOUSE イギリス、オックスフォードシャー州

　イギリスではふたたびツリーハウス人気が復活し、注目が集まっている。スコットランドにあるツリーハウス・カンパニーのジョン・ハリスも大忙しだ。
　彼とそのデザイン・スタッフは、『スター・ウォーズ／ジェダイの帰還』に登場するイウォーク族の森をイメージして、このSF的なツリーハウスをデザインした。宇宙から水辺のほとりにフワリと舞い降りたカプセルのように、ファンタジックな雰囲気を漂わせている。

ぐらぐらと揺れる吊り橋を渡ると、幻想的でちょっぴり妖しげな小屋へ……。
霧に包まれたら、さぞかしSF的な気分を味わえるにちがいない

# 魔法の木の家
## PRICE TREEHOUSE　イギリス、ウェールズ

　なぜツリーハウスを作るのか？　長い間その答えがわからなかった。しかし、こんな木に出会うとすぐに理由を思いつく。私は、強く、はつらつとした木のエネルギーを感じたくてツリーハウスを作るのだ。大きな木を見つけると、無意識に上を向いて登れそうな枝を探す。私は木と一体になりたかった。高く登れば登るほど、私の心は幸せな気分で満たされた。

　それが最近では、「ただ木のそばにいるだけでいい」と思うようになった。一つの場所に根を張って動かず、自分自身の力でたくましく成長することの素晴しさ。この世で立派に育った木に勝るものがあるだろうか。ツリーハウスにのめり込む理由はこれに尽きる。木それ自体が私たちの魂を揺さぶるのだ。

　ウェールズにあるプライス家のツリーハウスは、大きなブナの木に作られている。これこそ「磁力」に満ちたみごとな大木だ。私の生まれ故郷ではいたるところにブナの木が生えている。私にとって、ブナは例えようのない魅力をもつ魔法の木だ。なめらかな樹皮、根元に近いところから大きく広がる枝々……この美しいブナの木に登る楽しさといったら！　無数に伸びる枝を１本でも切り落とすのが罪に思えて、私にとってブナの木にツリーハウスを作るのは至難の技だ。しかし、このプライスの家はみごとに木と調和し、すっかり自然にとけ込んでいる。これもツリーハウス・カンパニーのジョン・ハリスの作品。彼はこの４年間で500棟ものツリーハウスを建てた。

美しい大木と、それにぴたりと調和する家

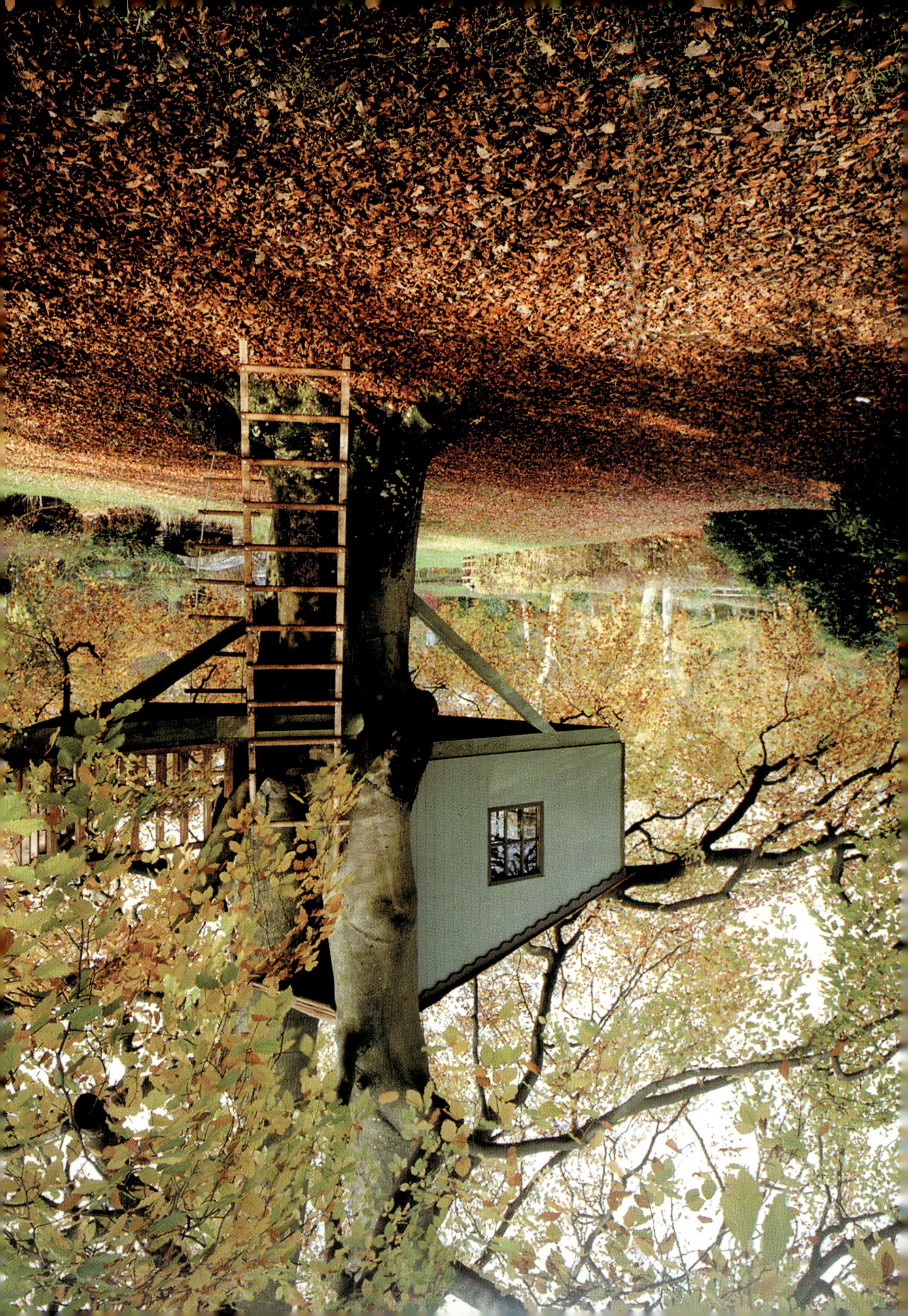

# 森に浮かぶ船
## GAINZA TREEHOUSE　フランス、ビアリッツ

　世界でもっともデザインに凝ったツリーハウスは？　と聞かれても簡単には答えられない。ほとんどのツリーハウスが趣味性が高く、デザインもよく練られているからだ。しかし、マキシ・ガインサの話を聞いて、私は答えが見つかったと思った。彼はロンドン育ちのアルゼンチン人で、フランスの海辺の町、ビアリッツの夏の別荘地にツリーハウスを持っている。

　パイロットであり、大工であり、物書きであり、きわめて優秀なビジネスマンでもあるガインサは、いわば現代に生きるルネサンス的万能型の教養人だ。アルゼンチンで生まれ、イングランドに移住してオックスフォード大学を卒業したという。そして彼は、いつも海に強い憧れを抱いている。

　独学で身につけたという大工の腕前は相当なもので、ツリーハウスを作るにあたって、ガインサはプロさながらに模型作りから始めた。ところが、完成した模型になぜか愛犬タンゴがえらく興味を抱き、ぜんぶ食べてしまったのだ！（幸いにも、デザインはほぼ固まっていたからよかったものの）。

　ガインサは、とにかく"普通じゃないツリーハウス"を作ろうと心に決めていた。海への憧れを形にしてみたい……。それが「木の上の船」となった。

　最初に手をつけたのは船室——このツリーハウスでいちばんシンプルな構造——だった。まず木の上に船室を作ったのが1987年。それから数年かけて主要部分を作り、1993年に3階と呼ばれる上甲板が完成した。その過程は波瀾万丈のひと言。「パパがいちばん大事な工事をしているとき、嵐がきて壊れちゃったんだ」と息子は言う。ガインサは大ケガをし、血で鋸が染まったそうだ。

　この家（？）は16世紀の帆船をかたどっている。暑い夏から10月にかけて、ガ

インサは2人の大工と4～5人の助っ人の手を借りた。作業中、彼らは船体の後部に蒸気室まで設け、蒸気の熱で木材をしならせて船体の外板を一枚ずつ張っていった。つまり本物同様の船体造りをなぞったので、気の遠くなるような作業だったという。こうして1995年、ようやく"進水式"を迎えた。最後にガインサは、娘をモデルにしてフィギュア・ヘッドを作り、船首に飾った。

ガインサは子どもたちを焚きつけ、16世紀の帆船をかたどった家作りを手伝わせた。地上6m、プラタナスの樹上に浮いている

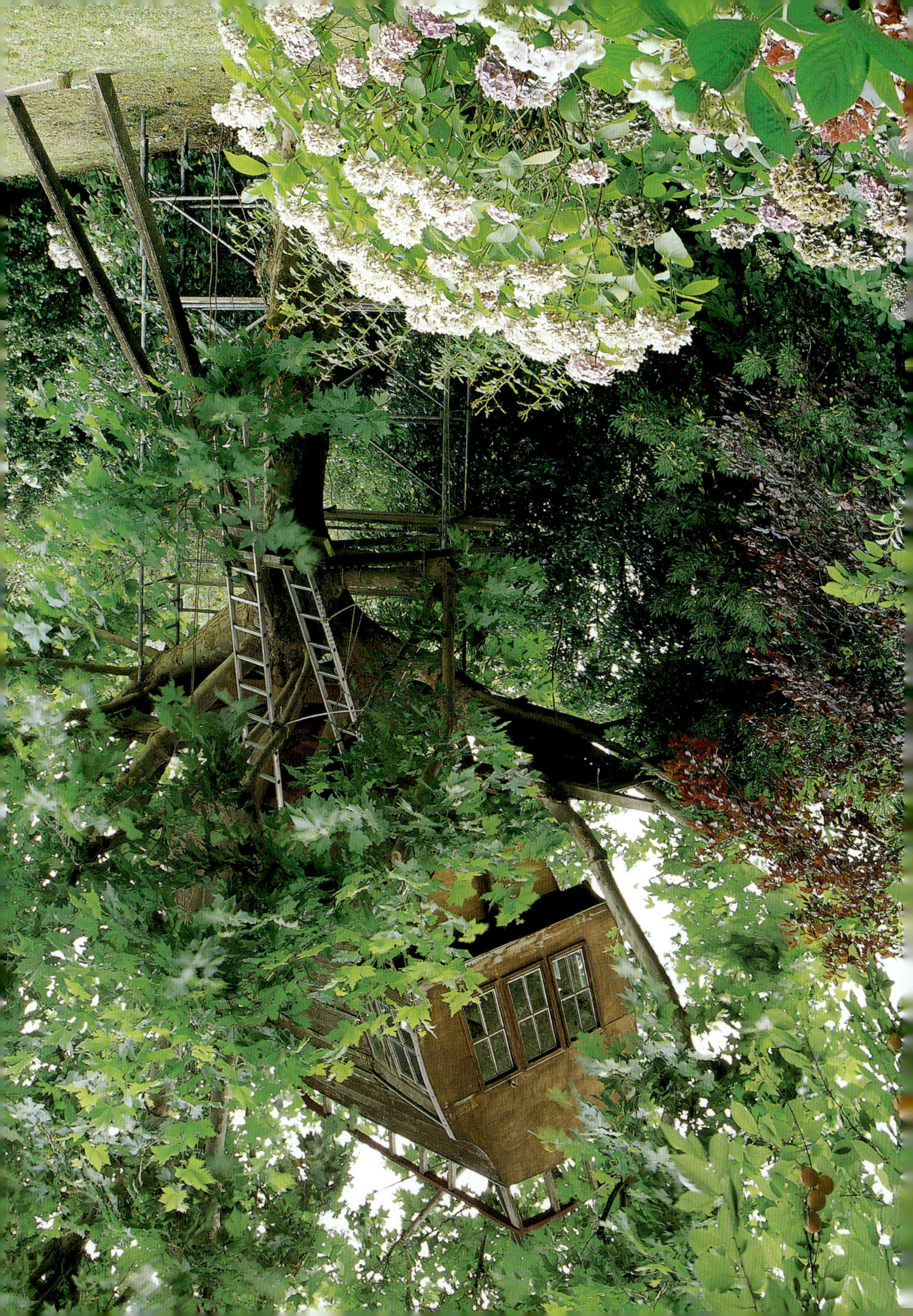

庭に用意してもらった素敵な昼食を食べていたとき、ガインサの妻サシータが一つ目のツリーハウスの写真を見せてくれた。初作品らしく、試行錯誤のあとが見てとれる。サシータは言った。「離婚しようかと思ったわ。木の上の彼を呼ぶのに声がつぶれそうになったの。木から降りてきて夕食を食べるのが夜の10時か11時。もう最悪ね、ほんと。おまけにひどい格好で、服という服はぜんぶボロボロ……」。私は黙ってうなずいてばかりいた。よく似た話を何度も聞いたことがあるからだ。

船体はすっぽり枝に覆われている。
娘をモデルにした漆喰の船首飾り

読書をするか、昼寝でもしようか
……居心地のよさそうな船尾甲板

船長室も尋常ではない凝りよう……キャプテンに敬礼！

甲板の下には船室さながらの段ベッド

# プロヴァンスの傑作
## LA CABANE PERCHEE フランス、ボニュー

　アラン・ローレンスは、6年前にツリーハウス中毒になる虫に刺され、以来、すっかり恋におちたように、ツリーハウスに情熱を注いでいる。彼ならではの良い材料の選び方と、デザインの見極め、そして完璧を追求する姿勢は、世界のツリーハウス・ビルダーのなかでもトップクラスと言っていいだろう。

　アランはプロヴァンスを望む丘の上にそびえ立つ樹齢100年のマツに、実験的なツリーハウスを建てた。この場所は、プールサイドで本でも読みながら、ランチと一緒にロゼをいただくのにぴったりな環境だ。にもかかわらず、私は取材でここを訪れたので、アランの家族がそんな雰囲気を愉しんでいるなか、写真を撮るためにツリーハウスに登った。そして眼下に広がる眺望にすっかり魅了されてしまったのだ。太陽が照りつける厳しい暑さにもかかわらず、このマツの木の家はそんな暑さを忘れさせてくれるほど、私たちにみごとな魔法をかけた。

　まず目を引いたのは、アランの木の選び方だ。ほとんどがチーク材と米スギで、どれも美しく高価な材木である。さらによく見ると、この家は多くのツリーハウスがそうであるように、あり合わせで作られたという感じがしない。それぞれの継ぎ目が、完璧に繋ぎ合うように作られている。築6年だというのに、継ぎ目はぴったりしている。

　また、家の提供者であるこのマツに対する気遣いも見逃せない。幹の回りに張られたロープはゴムの留め金付きだから、木の成長に合わせて調節ができるようになっている。すべての繋ぎ目、ツリーハウスの支えの部分までもが調節可能だ。ホストツリーに対するいたわりと感謝の気持ちが見てとれる。

　すべてが慎重に設計されていて、"提供者"に負荷を与えることなく魅力的なツリーハウスを作るという、良きお手本である。マツはとても敏感で、湿気の少ないこの地の気候ではゆっくりと成長をする。そんな条件下では、アランのような建築法がもっとも適しているだろう。

強い陽射しを受ける南フランスの地では、日陰をつくることが大切。周りの米スギ（私の出身地の木）も、遠く故郷を離れた地で、大切に保管されていて感動した

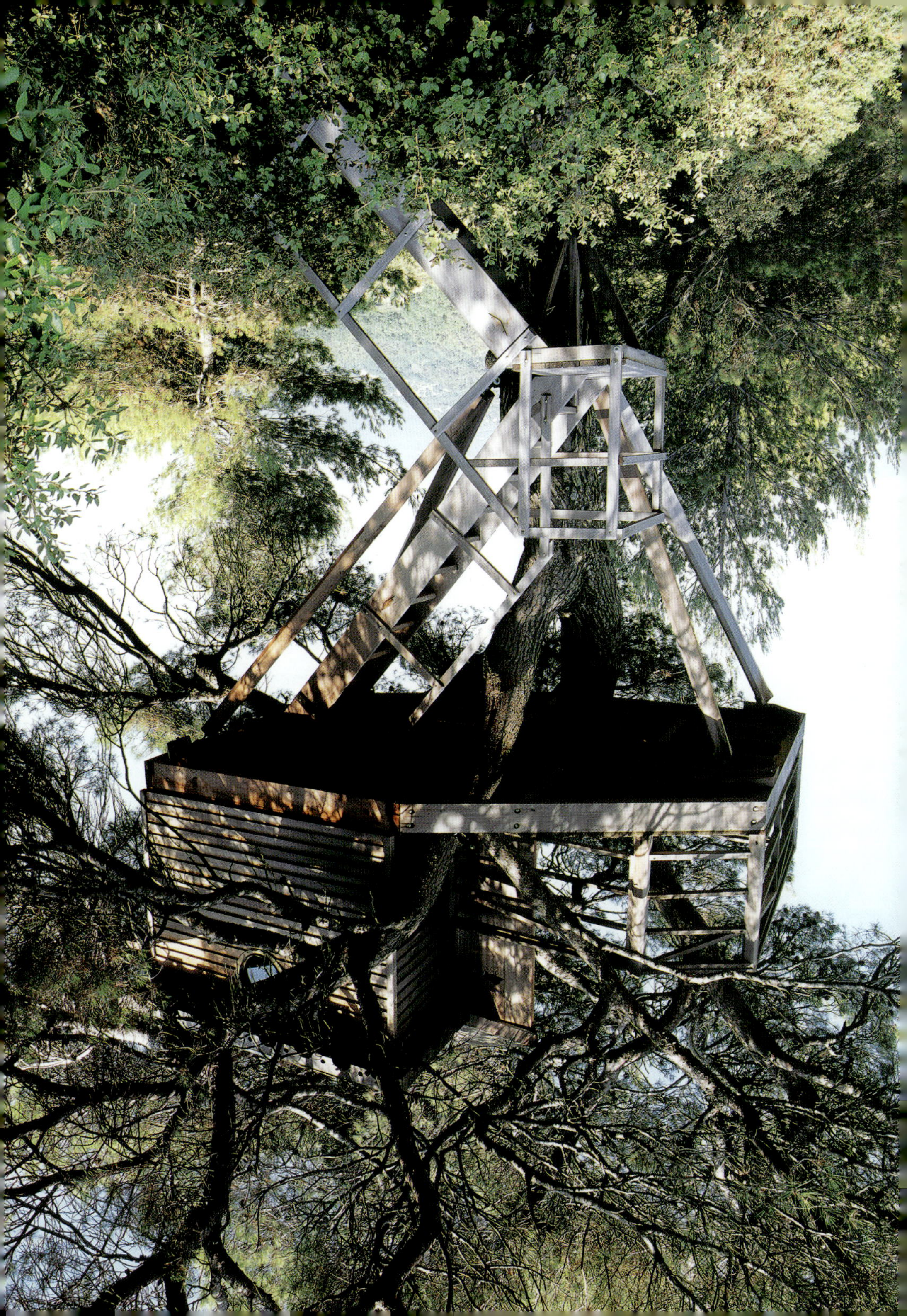

この家の訪問者は、入り口から階段を登るとすぐに、はちみつ色の真鍮と木の匂いにうっとりするだろう。室内の装飾も品よくまとめられていた。
　座り心地の折り畳み式ベンチは、壁から引き出せる仕掛けになっている。
　窓の一つ一つに趣向が凝らされ、壁際には半円の書き物机がセットされている。かわいい小物や鳥かご、センスのいい工芸品が置いてあったり、きれいな馬の毛のブラシが壁のくぼみにさりげなく立て掛けられている。この贅沢で魅惑的な空間は、心を癒すには格好の場といえよう。アランみたいな内装職人が世界各国に大勢いたならば、もっといい世の中になるだろうに……ふとそう思った。

　デッキに一歩出ると、農園が広がる素晴らしい丘の眺めと、横切る白亜色の峡谷……プロヴァンスの美しい山麓風景に見とれる至福のひととき。老マツの曲がりくねった枝がデッキの真ん中から突き出し、家を包み込むように繁って天蓋を作っている。これにまさる憩いの場は、そうそうあるまい。

いかにデザインするか、その執念は息をのむほど。この小屋には、地上の大豪邸よりも興味深い
ディテールがいっぱい詰まっている。次の予定がなければ、ゆっくりひと月くらい過ごしたかった

# オークの教会
## CHENE - CHAPELLE　　フランス、アルーヴィル

　フランスのアルーヴィル にある"樫の教会"——シェーヌ・シャペルは、期待していた以上のものであった。

　この地の人々が、800歳のオークの老木をこんなにまっすぐに育ててきたことに驚かされる。それにもまして、こんな奇抜な教会を構築したことに感嘆させられる。荘厳だけれど、どこかユーモラスでもあり、親しみのもてるチャペルである。

　木の幹の中に作られたこの教会のことは、以前から聞いてはいた。しかし、実際にこうして車で出向いてそれを目前にすると、宝探しの旅に出て、めざす宝をみごと探し当てたような気がしたものである。それにしても、なんだかオモチャの家みたいな、ほのぼのとしたチャペルである。こんなお伽の国にありそうな教会が、世界の各地にあってもいいのでは？ と思うのは、私だけだろうか。

この教会の管理人は、チャペルの庭を美しく保つためにとことん気をつかっている

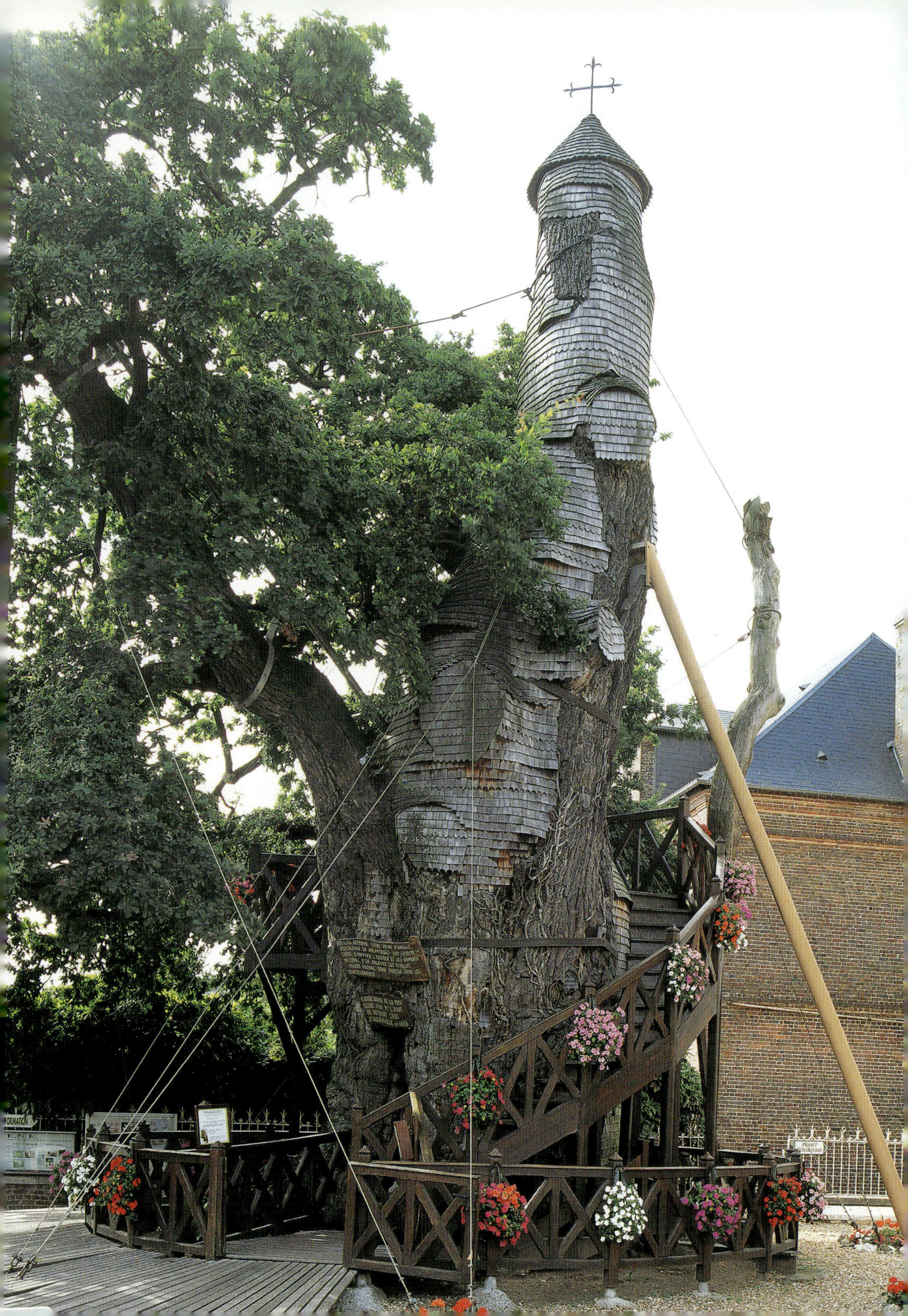

800歳の老木の中へ。チャペルの上部
へは幹を巻く螺旋階段を登っていく

チャペルの下部は上部よりはやや
広いが、木の中だから狭くて当然

偉大なるオークの幹は、何千枚ものこけら板が張られて保護されている。巨大な鐘のようにも見える。幹全体が、複雑な骨組みの鉄パイプによって補強されている

# 樹上レストラン
## ROBINSON TREEHOUSE フランス、パリ

　1848年頃、パリの人たちが週末に出かけるお洒落な町といえばロビンソンだった。ジョセフ・グースカンは、パリ郊外の町の片隅にそびえる大きなクリの木に、小さなレストランを作った。これがたちまち口伝えでパリに広まり、人々は13キロもの道のりを旅してこの珍しい新名所を訪れた。これが大評判となり、他の実業家たちもこぞってツリーハウス・レストランを開店するようになった……。もっとも流行ったときには、10軒もの樹上レストランが開業し、ほかにもさまざまなツリーハウスの観光名所が作られたという。

　そもそも、このツリーハウス人気は1812年に出版されてベストセラーとなったデヴィッド・ワイスの小説『ロビンソン漂流記（Swiss Family Robinson）』がきっかけとなった。この冒険小説のなかに木の上の家が出てくるのだ。

　思わぬ人気を呼んで有頂天になった町役場は、ツリーハウスの新名所をもっと大々的に宣伝しようと、町名までロビンソンと変えてしまったくらいだ。

　2003年の夏、私はこのロビンソンの小さな町を訪れた。そして、今や伝説となったクリの木を目にすることができ、静かなひとときのなか、ワクワクするような心のときめきを覚えたものだ。かつて栄華をきわめた古木は、現代風マンションの中庭の片隅にひっそりと立ち、かろうじて生き延びている。その年輪には、きっとツリーハウスの歴史が刻み込まれていることだろう。

この印刷物は、ロビンソン図書館の司書からいただいた。きっとファンタジックで素敵な場所であったろう……と往時のことが忍ばれる

当時ロビンソンの町で最も人気のあったレストラン「本物の木」。料理やワインを滑車で運び上げている。
左の支柱は今も老木を支えているが、枝はほとんど切り落とされ、150年前の栄華の面影はない

# ドイツの緑陰ホール
## DANCING LIME TREEHOUSE　ドイツ、ピーステン

　ドイツ人は、「愉しみ方をわきまえている」とよく言われるが、それを証明できるものがあるとしたら、このダンシング・ライム・ツリーハウスがそうであろう。

　そもそもは、次ページの絵のように、1760年頃に建てられたものである。200年以上前とほとんど変わらないたたずまいだ。

　石造りの螺旋階段を4m登ると、ニレの木の周りに建てられたオーク材で作られた広いホールへと導かれる。この場所は、音楽を聴いたり、ダンスを踊ったり、昼寝したり、軽食を食べたり飲んだりする憩いの場として使われている。ドイツには、他にもこのような風変わりな建造物はあるが、このピーステンにある木陰のホールはとてもよく維持されている。1990年代に入って新しいフレーム構造に改装され、1950年頃に植えられた周囲のシナノキが、ようやくテラスの手すりを覆うほどに繁ってきたところだ。やがて、ここに木のドームが誕生するだろう。

この地を初めて訪れる人は、木に覆われて柱や階段が隠れているので、気がつかずに通り過ぎるかもしれない

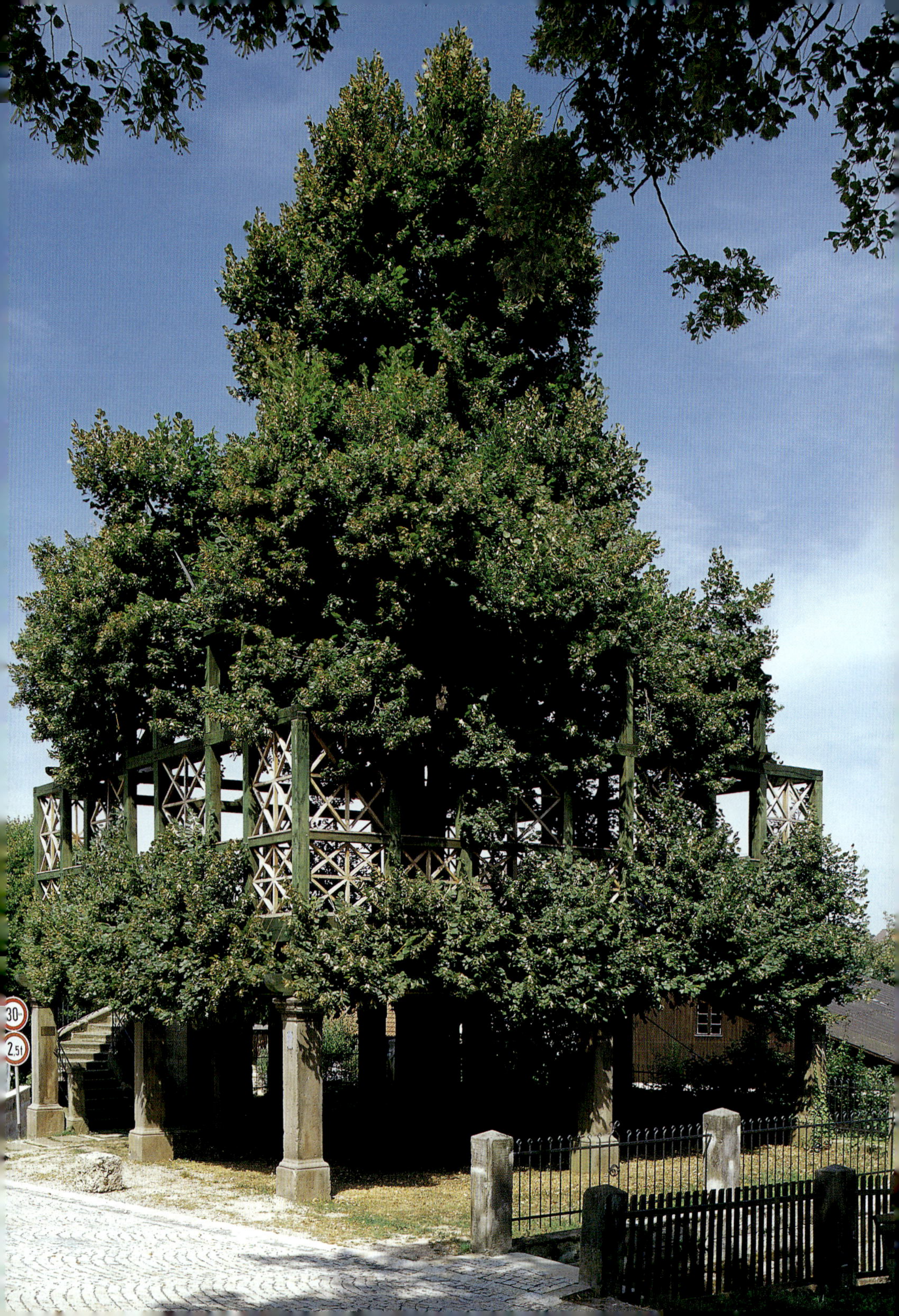
30
2,5t

木陰のホールには200人もの観客とバンドを収容する広い部屋がある。
冬期には、床板は外され、隣の倉庫の中に保管される

この絵は1800年代のピーステン・ツリーハウスを描いたもの。向いの石造りの宿に貴族たちが宿泊し、狩りの仲間たちを木のホールでもてなした

200年後の同じ場所で、木がいい形に繁りはじめている

# スティングの宝物
## CASA DEL SOLE DI MEZZANOLE  イタリア、トスカーニ

　私はいまだに、ニール・ヤングかブルース・スプリングスティーンがツリーハウスを作ってほしいと電話をしてくる夢をあきらめていない。それが実現する前に、「マンハッタンの巣」を作ったロデリック・ロメロを通じて、ロックスターとの共演を我が事のように体験することができた。2001年の夏、ロメロはトスカーニにある“スティング”の私有地にツリーハウスを建てるために雇われた（ついている人っているものだ！）。

　いや、運ではない。ロメロはシアトルを舞台に成功したバンド「Sky Cries Mary」のリードボーカルであり作曲家だったから、ロック界の有名人たちと知り合いだった。つまり、スティングの妻トルーディー・スタイラーが、道楽でロメロがツリーハウスを作っていると聞き、彼女の方から、「イタリアの夏の別荘にツリーハウスを建ててほしいの」と依頼してきたのだ。冬に下見したロメロと仲間は、夏からこの珍しい“木のてっぺんの家”づくりにとりかかった。

　どうやらスティングは、古代ドルイド文化に傾倒しているらしく、それを知ったロメロはデザインにその文化を取り入れた。ドルイド文化について調べたところ、オークに重要なポイントがあること、円の形に意義があることが分かった。鈴やチャイムなどの小道具もドルイド文化の象徴らしい……。さらにドルイド民族の太陽を象徴する3つの色——朝を表す青、昼を表す黄色、そして夕焼けを表す赤を組み込んだ、美しいステンドグラスの窓も取り付けることにした。

　そして、母家から少し離れた池のほとりに、ぴったりのオークを見つけ、ロメロたちは3ヶ月間、トスカーニの暑い夏の陽を浴びながら、こつこつと頑張った。

　このツリーハウスは八角形で、直径5mほどの大きさだ。生きたオークの柱をもち、銅の屋根がかぶせてある。池の上11mのところに、張り出しデッキも作られている。

　スティングは、棟上げのお祝いのとき初めて現場にやってきた。樹上の家を見上げ、感激のあまりしばらく無言で立ち尽くしていたが、「まったく、驚いたよ」と、とびきりの笑顔でロメロに礼を言った。これなら納得がいくはずである。

スティングはこのツリーハウスに「大感激した！」という。デッキの手すりが池の上に張り出して、船首のような形をしている

「大地から石へ、そして大気へと誘う」と作り手はいう。八角形の家の中へは床に空けられた同形の穴から入っていく

スティングの別荘は、地上8mに建てられ、湖面から
11mの高さにある。フレームの材料は、嵐で倒れた
木を切り出して使用。おそらく、この私有地だけで
100%自給自足ができるだろう

木の幹が床を突き抜けて屋根を支える支柱に。
床はオーク材を用い、柱を中心に紺色でコンパ
スを描いた洒落たデザイン

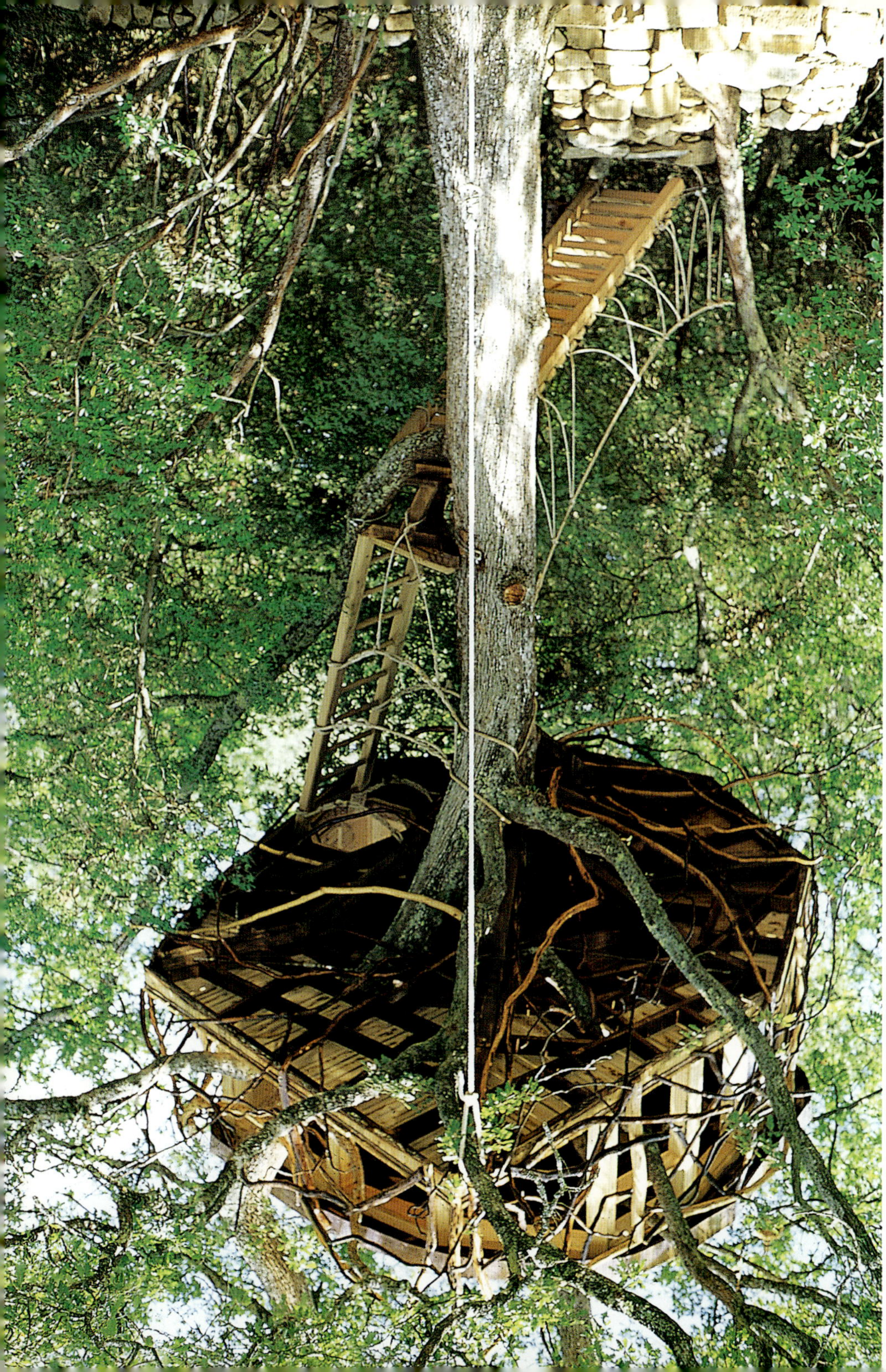

# 天空の城
## BERGMANN'S TREEHOUSE　ドイツ、ゴルリッツ

　ドイツの東端、ポーランドとの国境に、情熱あふれる鬼才建築家による奇想天外な物件がある。このオーナーであり、製作者でもあるユルゲン・バーグマンは、ウォルト・ディズニーでさえ羨ましがるようなアミューズメント・パークを15年の歳月をかけて一人で作りあげた。バーグマンはこの場所に住んでいて、日夜、新たな発明品の実験と研究に励んでいる。

　今や彼は、丸太の凝った彫刻や、公園に飾るモニュメントの造り手としてヨーロッパ中に名を馳せ、ほとんどの作品を自宅付近に展示している。バーグマンの造りだす空間には地域の人たちが集い、その風変わりな建造物は職人技によって作られたものばかり。

　私は彼のツリーハウスを見学に訪れたのだが、その前に、他の創造物に目を奪われた。まず、木造建築物の下には500mにも及ぶ地下トンネルが掘られ、中に入ると、光は差し込まず、とても狭い。私は背が高く、閉所恐怖症ぎみであるから、ちょっとしたパニック状態に陥った。引き返そうと思ったが、彼が立ちふさがっているので、やむなく勇を鼓して前進せざるを得なかった。

　また、敷地の端にクレムリンのようなお城も建てている。彼は階段をたどって玉葱型ドームに誘ってくれた。ところが、降りるときは滑り台なのだ！　しかも暗い地下牢のような空間へストンと滑り落ち、脱出するのがこれまた大変、というインディージョーンズのようなスリリングな体験を久しぶりに味わった！

　しかも猛暑のなか、私たちは3時間ものツアーに連れだされ、本題のツリーハウスへはまだ到着していない。そのうえバーグマンは、暑いからひと泳ぎしようと提案した。しかたなく私たちは、奇抜にペイントされたフォルクスワーゲンに乗り込み、だだっ広い私有地を走り、ナイセ川へ。それはドイツとポーランドの国境を流れる小さな川だった。その急流の冷たい水に浸かり、川の対岸に泳いで渡った。このとき、私は初めてポーランドに入国したのだった。こうして私は、「ポーランドに行ってきたよ、滞在中はずっと裸だったよ」と自慢話をすることができるようになった。

バーグマンのほとんどの作品は実験的である。このダックハウスは、他の場所にも展示ができるよう、取り外し可能になっている

冒険心をくすぐる物見櫓だが、
誰も挑戦していなかった……

道の曲り角には次なる冒険が待ち構えていた。
どれも私の閉所恐怖症のギアを高めるものだ

　彼の敷地に戻っても、バーグマンは引きつづき私たちを連れまわした。そして、夕食後、ようやく本題のツリーハウスの上でワインでも飲もうということになった。いよいよその物件へ——。

　バーグマン邸はやはり独創的な4階建ての納屋のようだった。そこからケーブルに吊られた地上7.5mの高さのブリッジが掛けられ（手すりがあって救われた！）、ツリーハウスへと渡って行く。メインのツリーハウスに行く前に、「ワンデー・ツリーハウス」と呼ばれるものがある。これは、最初に建てたツリーハウスで、子供たちのために作ったという。見るからに楽しげで、ベッドまでついているが、実際はあまり使われていない。なぜなら、クリの木の上にフォルクスワーゲンを載せているからだ。この車でドライブする気にはならないし、そもそも、どうやって乗り込むかが問題だ。さらに、とんがり帽をかぶったツリーハウスもあるが、これとて登っていくのがためらわれる。

バーグマンは木の上にあらゆる物を取り付ける趣味があるようだ

この家は、なぜかヤスリがけして逆さまにしたオークの老木に
支えられている。屋根は、石炭工場で使用されていたベルトコ
ンベアのゴムでふいてある。ワイヤーのケージは強いステンレ
スでトンネル状に作られ、これをよじ登って入っていく

やがてブリッジを渡り、さらにスリリングなステップを登って、丸太橋の上に立つと……念願の“ツリーハウス本殿”が目前に迫ってきた。
　他のみごとな建造物よりひときわ高くそびえていて、オークの大木の上に鎮座し、まるで私たちを手招きしているようだった。
　ついにたどり着いた「天空の城」を見上げながら、ワインを愉しむことができた。

地上7.5mのブリッジを渡り、さらに危なっかしい3mの
ステップを登って、丸太橋をたどり「本丸」をめざす。
それはよく繁ったオークのてっぺんにあり、なんと地上
18mの高さに建てられている。実際に登ってみると、ま
さに空に浮いているような気がした

お城の中は、あたかも17世紀の帆船のキャビンみ
たいである。古い書き物机や燭台など、古色蒼然
としたアンティークで埋め尽くされている

この天空の館に登るには、シンプルに
地上から長い梯子でという方法もある

# やぐらの家
## TATRY TREEHOUSE　ポーランド、ザコパン

　ドイツを旅立つときバーグマンは、ポーランドのザコパン（南東へ車で5時間）にあるツリーハウスのことを教えてくれた。ザコパンではほとんどの家が、昔ながらの丸太で建てられている。教会も丸太造りで、なかには数百年経っているものもある。すべてが手作りで、この地域には腕のいい大工がたくさん住んでいるらしい。素敵なツリーハウスが一つや二つあってもおかしくない。

　ザコパンの町の歴史は4世紀以上さかのぼり（他のポーランドの町に比べると若いが）、ワルシャワから車で8時間のところにあり、ポーランドで最も風情のある地域だ。スキーリゾートとしても有名で美しいタトラ山は2006年冬期オリンピックの候補地にも上がったほどだ。地元の高地民は伝統文化を忠実に守り、今回の旅でめぐりあった最も友好的な人たちであった。

　冬のザコパンは2m近いの積雪も珍しくないから、この地に建つ家やツリーハウスは、降雪の重みに耐えるデザインと構造でなければならない。冬のツリーハウスは一に暖房だが、それが確保できなければ夏季限定と割り切るべきだろう。この屋根のないツリーハウスをデザインしたオーナーたちのように。

　私たちは雪が降ったときに訪れたので、このお洒落な櫓（やぐら）の上で快適な時を過ごすことはできなかったが、バーグマンのお薦めでここを訪れて後悔はしなかった。のびやかな枝がかたどる美しいオブジェは、ていねいに樹皮をむいて、枝はきれいにヤスリ掛けしてある。この興味深い造型美をもつタトリー・ツリーハウスは一見の価値がある。

彫刻を思わす作品は、この地に建てられる家の特徴を象徴的に表現しているから、ザコパンスキー建築スタイルと呼んでもいいだろう

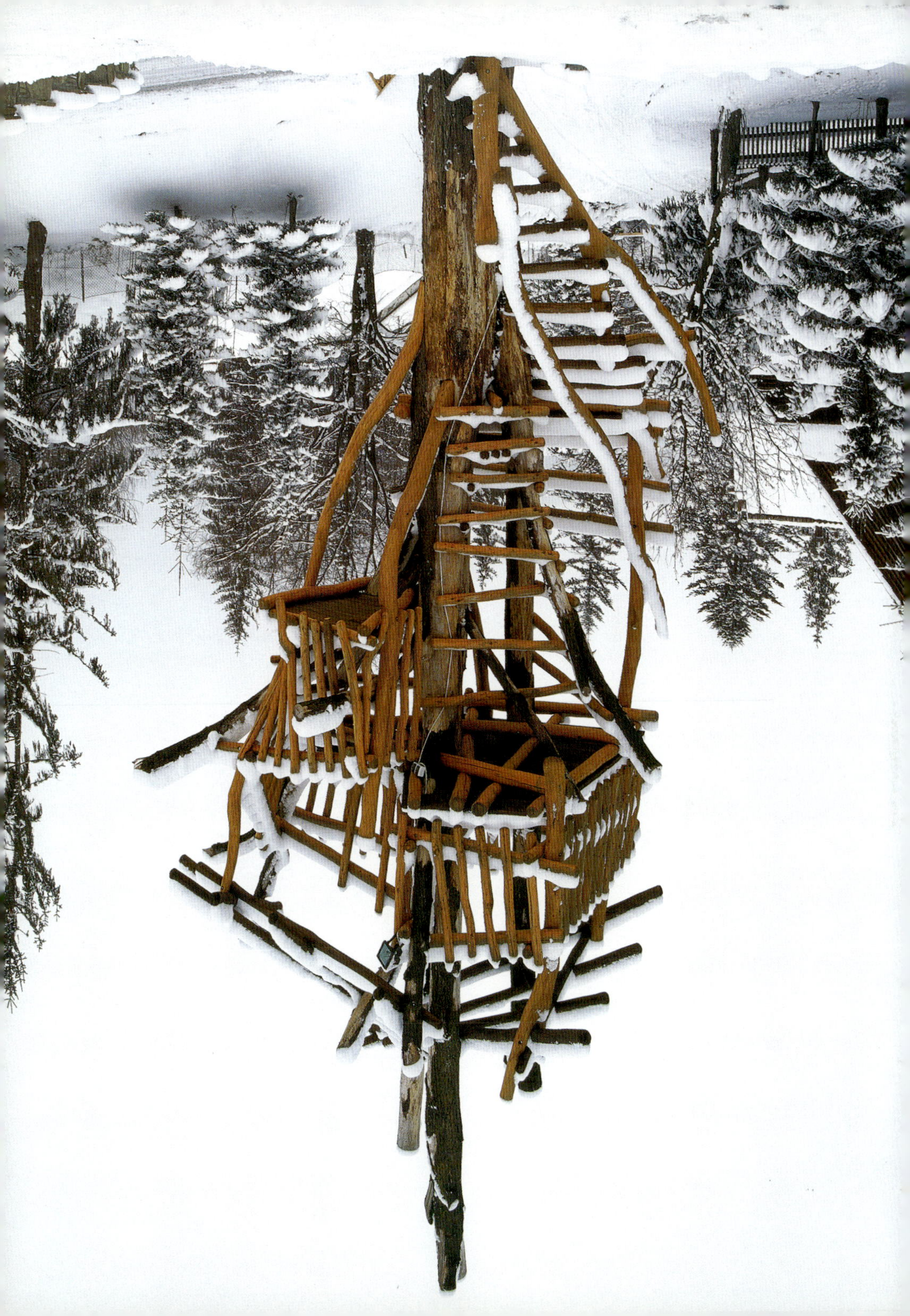

ヤスリ掛けされた木肌が滑らかで、登るときに手すりの感触が心地いい。ザコパンの人口は3万3千人、ほとんどが1500年代にこの地に住み着いた人たちの子孫である。同じバルト海に面していても、この地で話される言葉と今のポーランド語はだいぶ違うようだ。住民はハンガリー語、スロバキア語、古いポーランド語、そして現代ポーランド語が混ざりあった言語を使う。私たちにとって幸運だったのは、「ツリーハウス」という言葉がすぐに理解されたことだった

145

# 密林の砦
## KOROWAI TREEHOUSE インドネシア、イリアン・ジャヤ

　パプア・ニューギニアのイリアン・ジャヤのコロワイ族の人々は、今も実際にツリーハウスで暮らしている。数年前、「ナショナル・ジオグラフィック」誌に掲載されたこの驚くべき文化を紹介する記事に目をとめたとき、私はいつか必ず訪れようと心に誓った。

　しかし現実は、取材に当たってかなり煩雑な手続きと綿密な計画を立てなければならず、やむなく、かつてこの奥地を撮影したことのあるカメラマンに連絡をとることにした。

　写真家G・スタインメッツと話してみて、現地に入って写真を撮ることがいかに大変であるかということがよく分かった。彼は「パプア・ニューギニアの密林から無事に生還できたことは幸運だった」とまで言った。

　彼の撮ったこれらの写真を見ると、現地の人たちは高い木の上でのどかな生活を楽しんでいるように思える。ところが実際は、別の事情もあるようだ。この地域では部族間がいつも交戦状態にあり、木の上に住んでいる理由の一つに、敵から身を守るためもあるという。

コロワイ族のこの木の上の家こそ、建築家フランク・ロイド・ライトの説く自然と共生するオーガニック建築の極めつけと言えよう。周囲の環境に完全に溶け込み、森から切りだした柱を、採取した蔓で巧みに組みあげていく。屋根は細い竹と葉っぱで葺いている

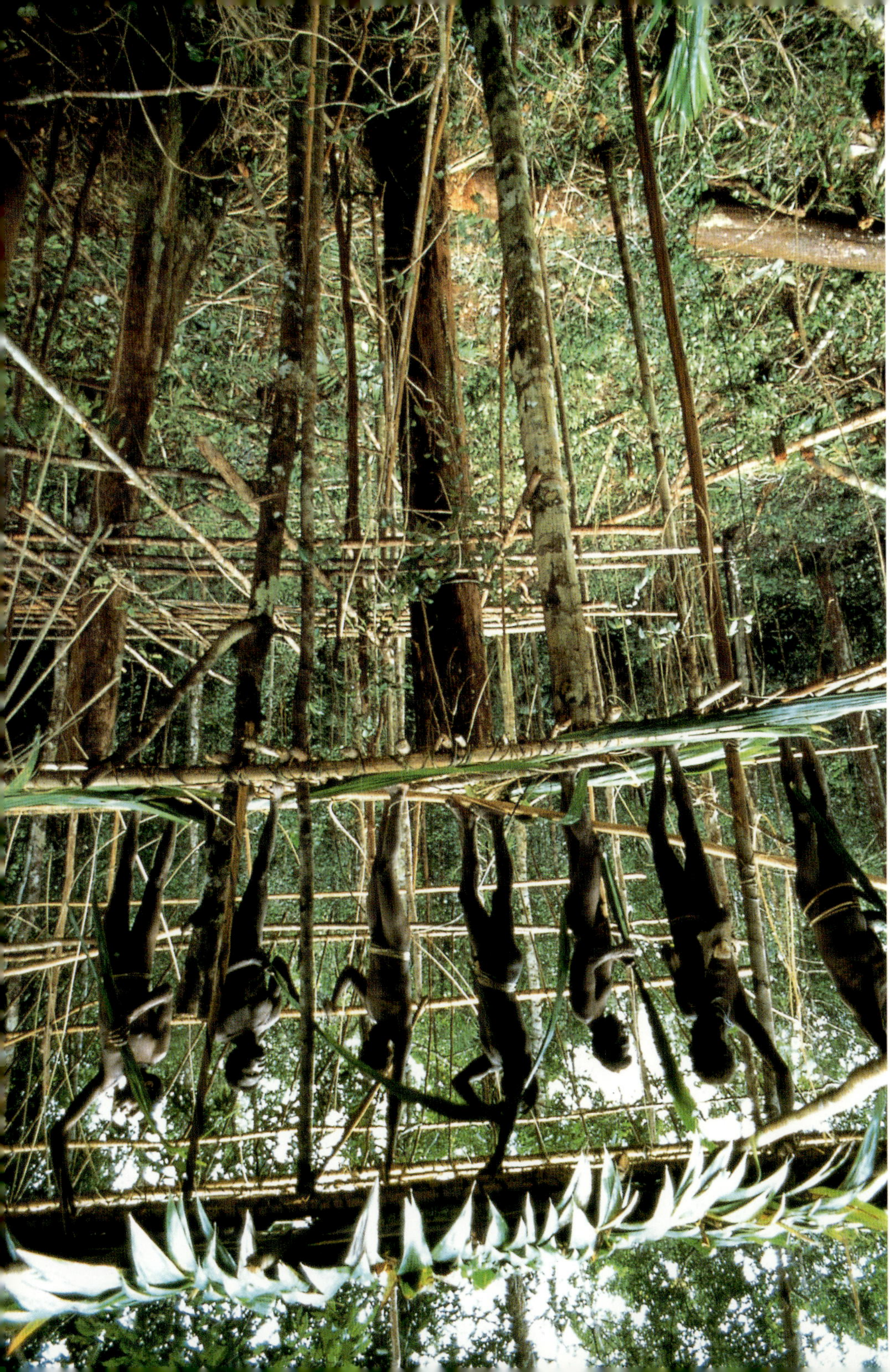

樹上の家の柱は籐のロープによってしっかりと固定される。
屋根はサゴヤシの葉によって覆われる

これぞツリーハウスの元祖。この"宙に浮く家"には3人兄弟が住んでいる。喧嘩したり、夜、誰も鼾をかかなければいいのだが……

# 巣箱の家
## RIKARDS FAMILY TREEHOUSE　ニュージーランド、ネルソン

　自然を愛する人たちが住む人口4万人のネルソンという町は、ツリーハウスを建てるのに最適な場所である。ニュージーランドのこの辺りは、牧場や果樹園があちこちに散在し、主要な産業は森林業である。よって木の家の材料はかんたんに手に入る。

　またネルソン地区は、ほかにも素晴らしい手工芸や地ワインや地ビールの産地だから、私たちは南島の北西部にあるこの地へ興奮ぎみに出向いてきた。

　美しいアベル・タスマン国立公園、カフランジ国立公園、そしてここネルソン地区のネルソン・レイクス国立公園を訪れた後、ツリーハウスを探すこととなった。

　私たちは、老木に掛けられた巣箱のようなシンプルで質素なツリーハウスを見つけなさい、と言われてきた。やがて現場に車で近づくと、遠くにツリーハウスの持ち主の赤い家屋——この地特有の波状の屋根と羽目板の家が見えてきた。そのかたわらに、めざす大きな巣箱を発見した。

　地上2mから建ちあげたツリーハウスは、最初の印象では、とても質素な感じだった。だれにでも気楽に作れそうな感じで、どこの家の裏庭にあってもおかしくなさそうな造りである。しかも、いろんな材料を寄せ集めて作っている。ツー・バイ・フォーの合板とリサイクル材を用い、とりたてて職人の技能に頼るべき特徴もない。　ただし、興味深いのはその形である。世界的な建築家フランク・O・ゲーリーが、カリフォルニアのサンタモニカにデザインして建てた家によく似ている。

ツリーハウスは、どんな材料で作ってもかまわないのだ。廃材や余り材を寄せ集めて組み立ててもいい。木が強くて、各建材が適切に組み合わさっていれば、この巣箱のように愉しげな二階建てが作れるし、何年ものあいだ楽しむことができるのだ

# 密林ホテル
## FUR'N'FEATHERS RAINFOREST TREEHOUSE
オーストラリア、北クイーンズランド

　オーストラリアのクイーンズランド地方には多くのツリーハウスがあるので、そのうち一つを選ぶのは容易なことではなかった。

　このツリーハウスは熱帯雨林のど真ん中に建てられたホテルである。しかも川を見おろして建ち、冒険家はデッキから釣り糸を垂らして釣りも楽しめる。周辺の山には、フクロネズミやワラビー（小型のカンガルー）のほか、絶滅の危機にある火食鳥（ひくいどり：森に棲みダチョウに似ている）やツリー・カンガルーなどが棲んでいる。

　木に登る小動物もいるので、ドアや窓には特別な細工が施されているが、彼らがホテル内に侵入してくることはないし、ジャグジーに浸かることもない。もし、ここを訪れる機があれば、双眼鏡とカメラ、バードウォッチングのガイドブックなどを持参することを忘れずに。見るべきものがたくさんあるからだ。

密林の音を聞きながら眠る魅惑のベッドルーム

ホテルだから設備は万全。デッキではバーベキューもできる

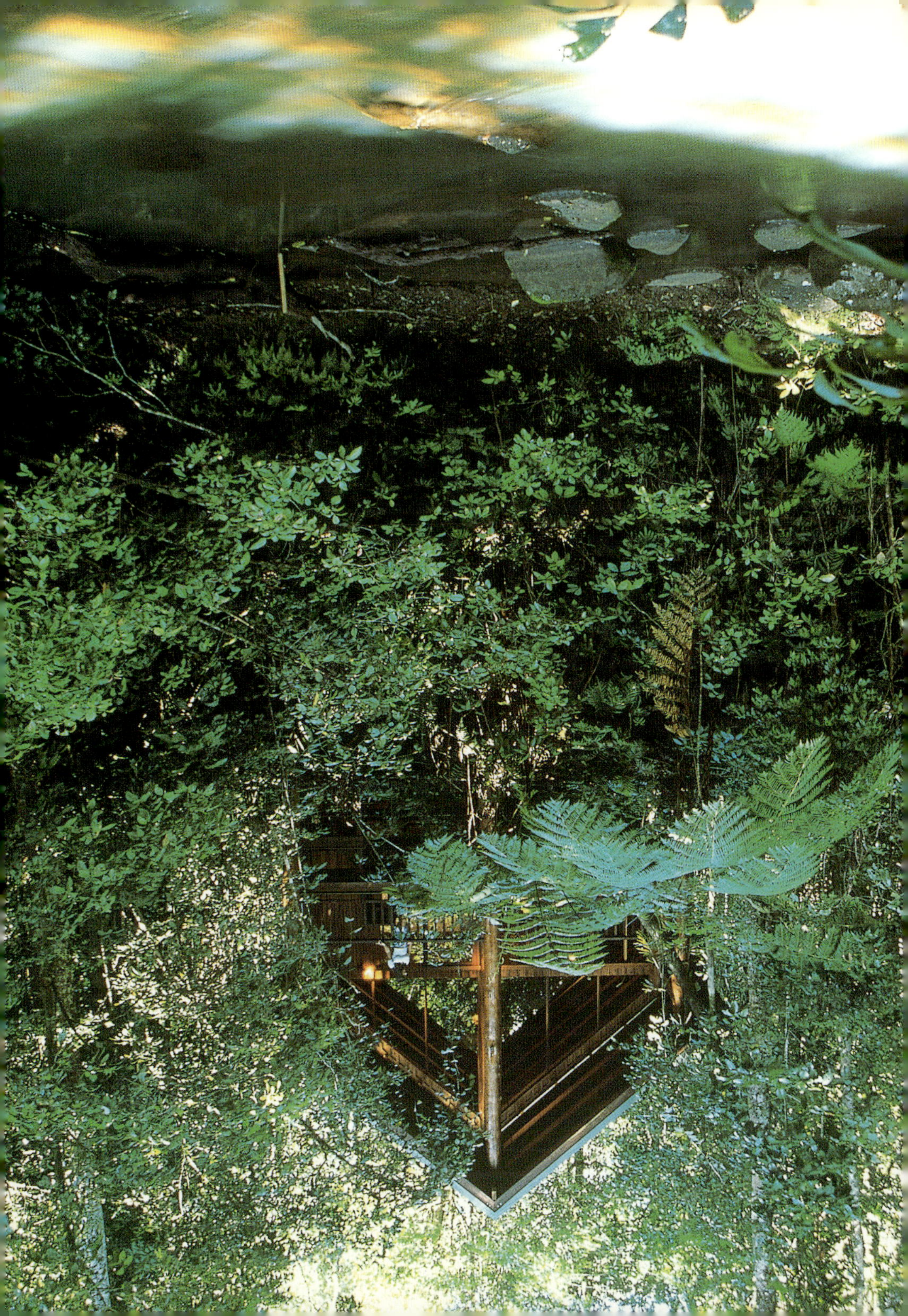

# 南シナ海を望む宿
## SANYA NANSHAN RESORT & BEACHCLUB 中国、三亜、海南島

このレンタル・ツリーハウスは、三亜と姉妹都市であるハワイのマウイ島との経済交流プロジェクトの一環で作られた。

そもそもマウイ島の建築家デイビッド・グリーンバーグが、ツリーハウスによるベッド＆ブレックファーストの経営を始めたことに起因する。彼の話によると、この中国の立地条件は宝の山を掘り当てたようで、いま中国政府から、もっとツリーハウスを建ててほしいと言われているそうだ。

手作り感のあるこの家は木々の枝の曲線を生かし、竹も随所に用いて、森の中にしっくりとおさまっている。そして南シナ海の素晴らしい景色も眺められるという特典つきだ。

アメリカの建築基準ではこんな手すりは認められないだろうが、私は大いに気にいっている

南シナ海沿岸に育つ、曲がりくねったタマリンドの木をうまく生かし、螺旋階段を取り付けている

1階は曲がった柱によって構成され、随所に遊びが見られる。2階は揺りかごのように木の枝に取り付けられている。

屋根裏部屋もある快適な寝室からは木々の間に海を望める

# ユーカリ荘
## HALE TREEHOUSE 中国、海南島

　前ページのグリンバーグのレンタルハウスからそう遠くないところに、こんな珍しいツリーハウスがある。伝統的なハワイアン・スタイルの建築にのっとったこの家も、経済交流プロジェクトの一環として作られた。

　美しい高床式の涼しげなたたずまいが、ポリネシアの雰囲気をも漂わせている。

　ハワイの伝統的な「ハレ」という家屋を、昔ながらの工法で忠実に再現することで知られる建築家フランシス・シネシによって作られた。このハレ・ツリーハウスをつぶさに見れば見るほど、その美しさに気づくであろう。

　南太平洋一帯では、このような周囲の環境にとてもよくなじむ家屋が今なお存在する。ツリーハウスを載せるのに、ほどよく木が並び立っていれば、これ以上ふさわしい柱はないだろう。この家の場合、生えていたユーカリの木をそのまま柱として用いている。ハレ・ツリーハウスは、基本的に壁がない。大方の建築家は、壁のない家は強度が足りないと言うだろう。しかし、もしかしたら"壁なし"にはハワイの魔法が込められているのかもしれない。

こんなハワイの典型的なハレ・ツリーハウスが中国に作られている

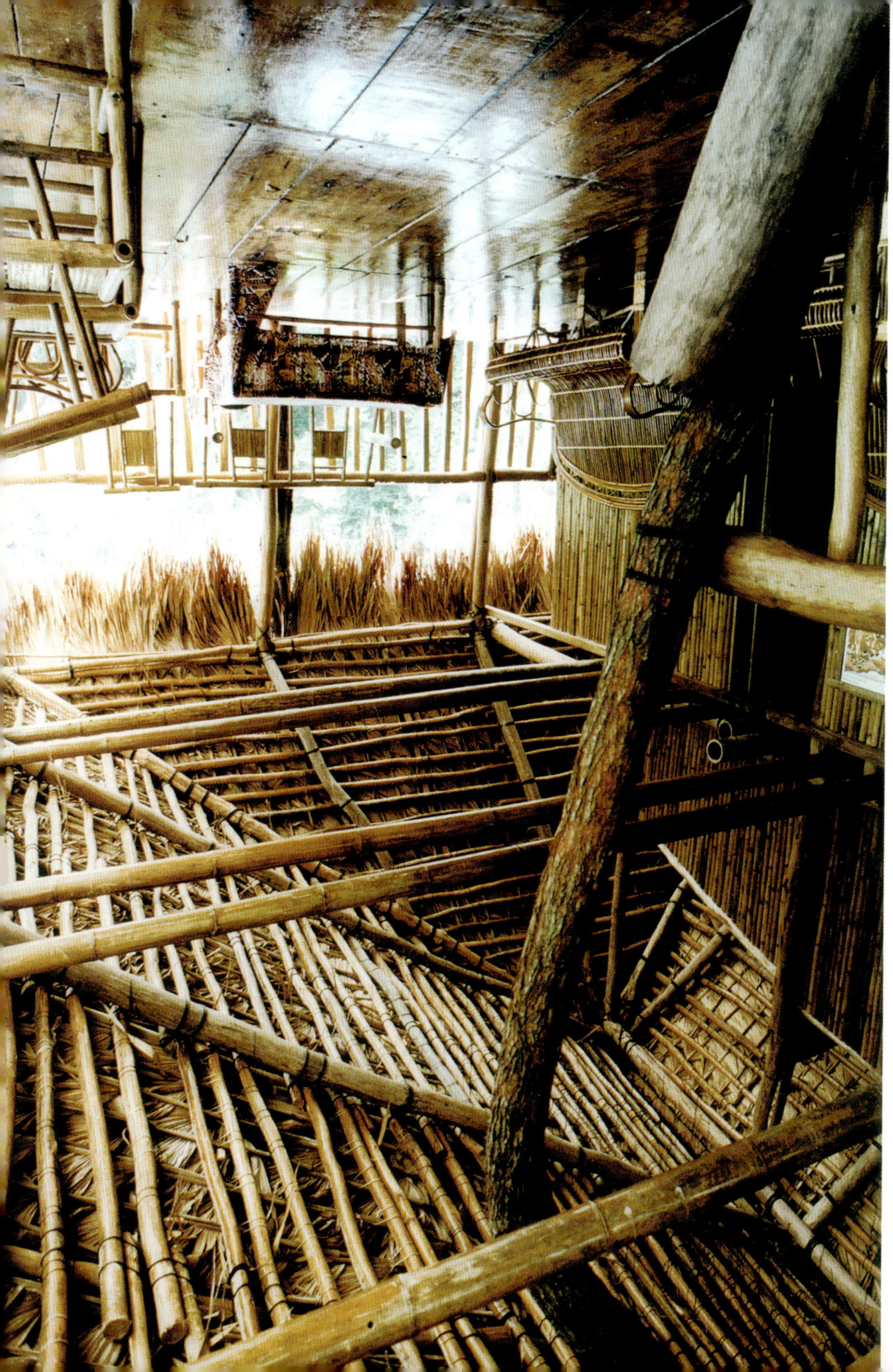

自生して並び立つユーカリの木をそのまま柱とし、
ハレを地上に浮かせている。いかにも居心地のよさ
そうな南国の家だが、地上に浮かす理由は、台風の
ときに打ち寄せる高波や津波対策でもある

南国にふさわしい仕切り壁のない室内は、風が抜けて快適だ。梁には太い竹を用い、衝立てのような壁には細い竹をあしらい、籐の椅子を据えて、これぞトータル・コーディネートの妙といえよう

# 日本のツリーハウス
## TSUYOSHI'S TREEHOUSE 日本、三重県南勢

　私の最初のツリーハウスの本が1994年に出版されたとき、アメリカで多くの人たちの感性を刺激したのは間違いないだろう。それから間もなくして、日本でもツリーハウスへの興味が沸き上がってきた。1996年に日本のあるアウトドア誌が私を呼んでくれたことが、海外での初めてのツリーハウス・プロジェクトとなった。

　こうして私のようなただの大工が東京まで飛んで行って、空港から車で北へ2時間の山中（栃木県茂木）にツリーハウスを作ることになった。（妻ジュデイと親友の腕のいい大工イアンも同行した）。

　日本という国は初めてだったから、緊張と興奮の日々だった。

　そして、そこで私はタカシ・コバヤシと巡り会った。彼はいろんなことに興味を持っているけれど、とりわけツリーハウスに情熱を傾け、日本にもこんな男がいるのかと新鮮な驚きだった。それ以来、私たちは親友になった。タカは、毎年秋にオレゴンのタキルマで開催されるツリーハウスの世界的な集まりに、日本人の仲間を連れて参加している。

　2003年夏、この本の取材をかねて7年ぶりに日本を訪れることになり、タカに「今度は私が日本に行く番だよ！」というと、彼は最高のもてなしをしてくれた。彼の住んでいる鎌倉に泊まり、寺や寺院を訪ね、一緒にサーフィンもした。それから私たちは一週間以上も日本のあちこちを旅して、タカが関わっている各地のツリーハウスを見物して回った。彼以上の案内役はいなかった。ここに紹介するのは、そのうちの一つ、三重県伊勢に作られたツヨシのツリーハウス。

　日本の旅は、私にとってかけがえのない貴重な体験だった。タカに、そして日本のすばらしい自然と文化に乾杯！

私の良きツアーガイドでもあるツヨシ・ヨモヤとナオキ・ヒガシが、ほぼ二人だけで建てた作品

吊り橋 (suspension bridge)

定員 2person Only

フロントにお問い合せ下さい

TREE HOUSE

彼らが使った材料はアメリカのツーバイフォーという規格のものだ。このツリーハウスはキャンプ場を訪れた人たちを楽しませるためのもので、宿泊施設ではない

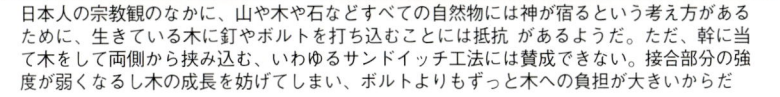

日本人の宗教観のなかに、山や木や石などすべての自然物には神が宿るという考え方があるために、生きている木に釘やボルトを打ち込むことには抵抗 があるようだ。ただ、幹に当て木をして両側から挟み込む、いわゆるサンドイッチ工法には賛成できない。接合部分の強度が弱くなるし木の成長を妨げてしまい、ボルトよりもずっと木への負担が大きいからだ

日本でもツリーハウスの需要はますます増えるだろう。ボルトは正しい場所に打ちさえすれば、けっして木を痛めないということを証明していくべきだ

ツリーハウスの窓からは伊勢の五か所湾を望むことができる

窓やドア作りなど、すべての作業が現場でおこなわれた

# 樅の木小屋
## GEN'S TREEHOUSE 日本、三重県伊勢

　町から車で曲がりくねった急な林道を14キロほど登り、そこから山中を歩いて大きな岩が転がっている森を抜けると、まるで芝居の一場面のような幻想的なツリーハウスが建っていた。キチケン（基地研究会）の小屋は日本の南部に位置していて、年間降雨量（特に冬場の）が多い地域にある。私たちが訪ねた日は霧雨程度だったが、足もとはぬかるみ、細かい雨のせいで視界が悪く、かなり緊張して歩いた。

　途中でひと休みし、ゲンと月に一度ボランティアでツリーハウスを作るキチケン仲間の待つ場所まで1キロくらい歩いた。この熱心な仲間たちは定期的にあちこちで集まり、全員そろわないときには臨時のミーティングを開いているという。みんな私たちを大歓迎してくれて、現場へ案内してくれた。

　ゲンは生態系などを調査するプロのダイバーで、伊勢でダイビングショップを経営している。ツリーハウスを一緒に作るキチケンの半数は、ゲンのショップに縁のある人たちで、その他の仲間は地方新聞に載せた「有志募集！」の広告を見て集まってきた人たちだ。

　2000年1月、三重県からの依頼で、県が管理する森にツリーハウスを建てて有効利用しようというプランが立った。そこでゲンがタカのことを知り、ツリーハウスの講師として伊勢に招くことにした。

　まず木を選ぶことから始まった。　そして1本の大きな樅の木に候補をしぼった。樅の木は家具にするには弱く、建築材としても利用価値がないので、森の中で伸びるにまかせてある。つまりツリーハウスにはもってこいの木だ。皮を剥いだ杉の丸太と檜を主な材料にしてデザインを決め、間取りは一部屋。屋根や壁は小さな杉板を張り合わせて覆い、デッキ付きの小屋を建てた。急斜面に建っているので地面から固定したブリッジをデッキへ渡し、そこから梯子でツリーハウスに登るようになっている。この小屋を目の当たりにして感動した私は、1978年にケネス・ブロワーが書いた『宇宙船とカヌー』という本で、今も心に鮮明に残っている一場面を思い出したものである。まさに冒険心をくすぐるデザインと言えよう。

手すりを細い曲がった枝でデザインするのは世界共通のようだ

緑に囲まれ、全体をひと目では見渡せない

簡素なツリーハウスが霧の
中に浮かび上がっている

"慎ましい作品" のかたわらに、ちょっと誇らしげに立つゲン

アクリル板て作ったステンドグラス調の太陽が、小さなツリーハウスを輝かせる

伊勢神宮の宮大工ヒロシもスタッフの一人。9mの高さの梢でバランスをとりながら撮影している私に笑いかける

# ケヤキの彫刻
## SCULPTURE TREEHOUSE 日本、新潟県十日町市鉢

　これは"樹上の彫刻"とでも評すべきか、面白いテラスのような小屋が新潟県十日町市の鉢という村にある。村で暮らす住人は私のみたところせいぜい200人くらいだ。村は十日町市内から急な山道を奥へ奥へと入って行ったところに、ひっそりとたたずんでいる。村の一番奥には文化財にもなっている「鉢の石仏」という杉やケヤキの巨木に囲まれた神秘的な場所があり、とても大切にされている。日本人の木や山に対する格別な思いが、少しだけど理解できるような気がした。

　「越後妻有アート・トリエンナーレ2003」という野外イベントに、一般から応募して選ばれたタカヒデ・ミズウチが「空中に浮かぶ茶室」を作りたくてタカに会いにきたそうだ。彼が考えたアイデアをタカがプロデュースして、伊勢のゲンが設計をし、それをJTN（ジャパン・ツリーハウス・ネットワーク）のスタッフで施行した。

　私たちが村に着いたのはイベントが始まる直前、村人にこの茶室をお披露目する宴会の日だった。たぶん、初めからそういう段取りになっていたんだろう。

　村人たちが完成したばかりのツリーハウスを見学し終えると、公民館で大宴会が始まった。みんなで日本酒をたらふく飲み、山菜を食べ、また飲んで、最後には記憶もなくなり、どうやって宿に帰ったのかも覚えていない……。

日本のツリーハウス・ギャングたち。タカの愛犬モモも仲間

ケヤキの大木に飾られた彫刻を9m
の高さろから見下ろす。デッキを支
える3本の枝の一つが床から

崖側から小屋を見る。伝統的な日本の茶室と瞑想の場として室内は黒く塗られている。黒壁は、周囲のまばゆいばかりの緑の葉と溶けている。屋根はなく、ふだんは透明のビニール・シートがフックで張られている

村人が提供してくれた古材の梁がデッキを支えている

この入り口からは高さが分からないが、実際には崖の上に建っていて、下の道まで20mもある

完成祝いの儀式セットがデ
ッキすれすれに置かれた

ドアは引き戸になっていて壁の中に隠れてしまう

# タカのツリーハウス・バー
## TAKA'S TREEHOUSE & TREEHOUSE BAR　　日本、東京

　日本にいる間に、私は日本の文化はとても統制のとれたものだということを学んだ。すべての人が同じ方向に向いているように思えた。その結果として数多くのすばらしいものが出来あがっている。この山に囲まれた国を車で走っただけで、安全で効率のいい道路を作るために、日本人がどれだけ長い道のりを経てきたかがわかる。この旅で私たちはおそらく100以上のトンネルを抜けただろう。なかにはなんと20キロ以上の長いトンネルもあった！

　この規律正しい人々が勤勉に働く社会にあっても、若者たちは自分たちの文化を個性豊かに表現しようとしている。

　この旅の案内役であるタカも、日本の若者文化のリーダーの一人。日本文化の根底にあるものを理解して事にのぞむという姿勢をしっかりと持ち、自然物に神が宿るという、日本古来の哲学を尊重している。一方で、若者たちに自分の個性を表現することがいかに素晴らしいことかを伝えようとしている。タカはその一つの手段として、ツリーハウスによる表現を用い、愉しくて文化的な遊びを広めようとしている。

　タカはこれまで日本の各地で11棟のツリーハウス作りに関わっているが、ここに紹介する彼の作品は、東京・神楽坂の建築屋さんの庭に建てた物件と、原宿にある彼自身の店である。

JTNのスタッフと何人かのボランティアで、この小さな
ツリーハウスを東京の神楽坂の街に出現させた

コンクリートとアスファルトの都市空間の
なかで、まるでオアシスのようだ

日本風の梯子を登って入る

こんなツリーハウスが高層ビルと
繁華街に囲まれた都会のまん中に
作られた

木の幹が床から天井へ抜ける一室は、
靴を脱いで上がる"くつろぎの間"

ここは若者の流行の発信地、原宿にあるタカ
が経営するツリーハウス・バー「エスケープ」。
東京でもっとも賑わう街の一角に立つヒマラ
ヤ杉の木を利用して作ったかわいいツリーハ
ウスに若い仲間たちが集う

居心地のいい空間、奥に
バー・カウンターがある。
柱や手すりは海から流木
を拾ってきて細工したもの

# マウイの山荘
## HAWAIIAN TREEHOUSE アメリカ、ハワイ州マウイ島

　雑誌「Sunset」（アメリカの人気のレジャー専門誌）にでも出てきそうなこの上品で小洒落たツリーハウスは、マウイ島のハレヤカラ山の山麓にある。山道を深く分け入り、人里はなれたところに、ひっそりとたたずんでいる。

　カマ・レイ・クックは、ネイティブのハワイアンではないがマウイ生まれのマウイ育ち。自ら立ち上げたビジネス「Treehouse Concepts of Maui」のモデルハウスとしてこのツリーハウスを作り、自分の住まいとして幼なじみのアンバーというチャーミングな彼女とここでの静かな暮らしを楽しんでいた。

　数年前にオレゴンで開かれたツリーハウス・セミナーに参加した経験があるカマは、そこで学んだGL工法をこの家にも取り込んでいる。ハワイでは昔からツリーハウスは根強い人気があるので、カマのビジネスもきっと忙しくなるだろう。

無駄のないスッキリした構造には、どことなくレトロな趣がある。鉄製の螺旋階段もいいアイデアである

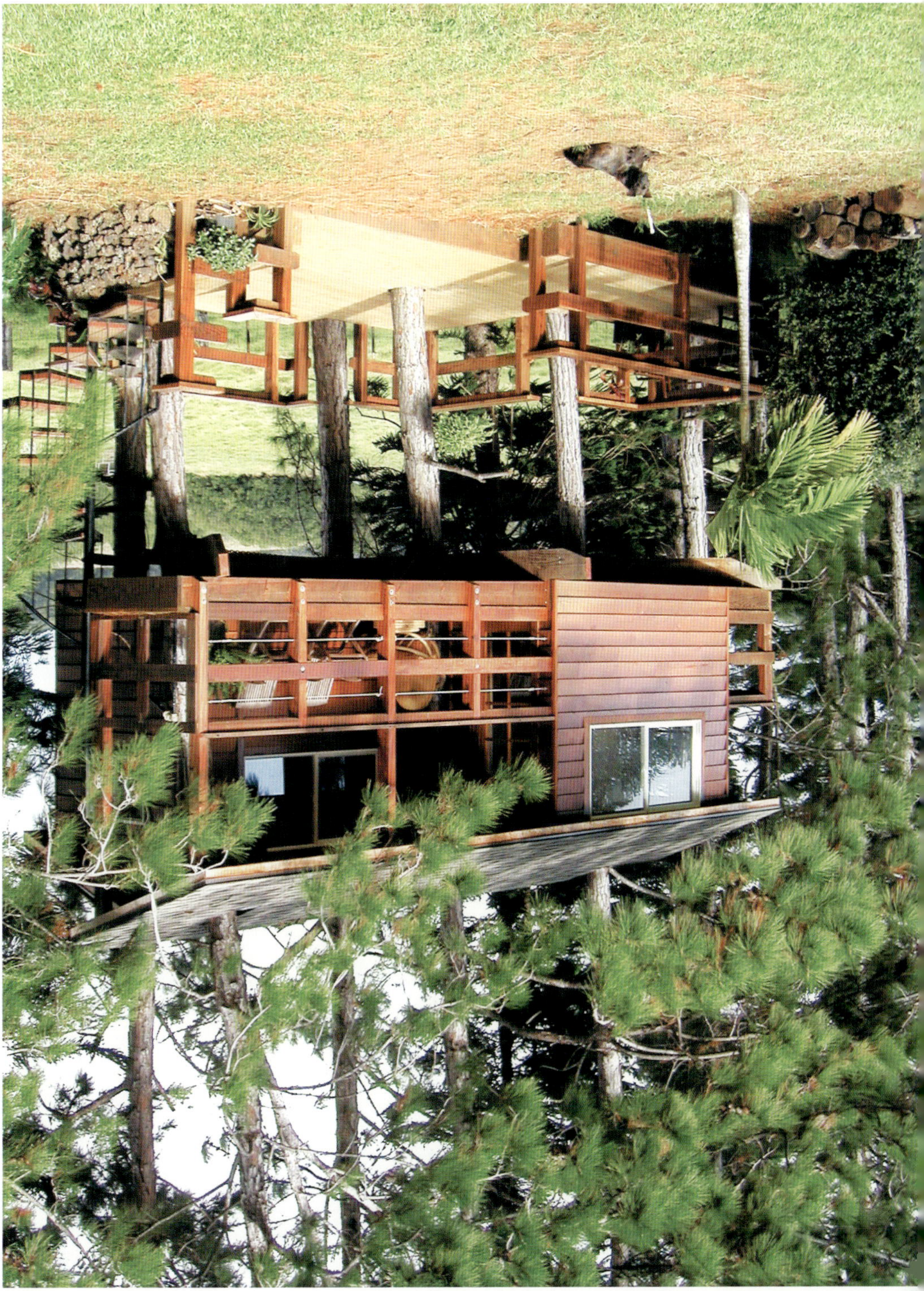

最新の工法技術に支えられたツリーハウスがマウイ島の山中に静寂に包まれてある
ハワイとはいっても、このあたりの山にはマツのような針葉樹も多く見受けられる。
ツリーハウスというと、太くて大きな木がないと建てられないと思われがちだが、
何本かの針葉樹を柱にすれば、この家のように立派なものが建てられる

屋根付きのオープンデッキがあれば、室内とは
また違った開放感が味わえる（前ページ参照）。
そのデッキでハワイアン・タイムを満喫する愛犬

羽目板を張ってインテリアにアクセ
ント。ちょっとした工夫で味を出す

# 森の教室
## ISLAND WOOD TREEHOUSE　アメリカ、ワシントン州ベインブリッジ島

　アイランドウッドは、シアトル近郊のベインブリッジ島南部に250エーカーの敷地を構える環境学習センター。敷地内にはかつて島のあちこちで行われた森林伐採の痕も見受けられるが、若い木々も育ち、美しい緑が還ってきている。

　雑木林には、米マツ、ヒロハノ・カエデ、ツガ、米スギなどが見られ、地表はシダ植物や苔類で覆われている。そんななかで一際目立つのが、この小屋を作った立派な米マツ。前方には2エーカーもの沼地が見渡せる。

　このツリーハウスは、デイルとレスという二人の腕利きの大工のバックアップを受け、私の会社とシアトルの建築事務所で取り組んだ共同プロジェクト。これまで手がけてきた手法と同様に、材料のほとんどは廃材や古材を再利用した。

　この物件はすべてが規格外。プラットフォームを支える方杖や壁材もサイズに合わせて太くて丈夫なものとなった。重い傘型ツリーハウスを受ける大引には10cm×20cmの米マツ材、それを補強する筋違いには10cm×15cmの太い材を使用。床材には、廃材を8cm×30cmの厚さに断裁した分厚い材に相掻きの化粧を施して使った。壁には柱を用いた軸組工法を採用。太い角柱と屋根の梁には、シアトル市街の古いビルを取り壊した際に出た廃材を再利用。

　ときに強風が吹きつけることを考慮し、階段上端の接合は鉄製ブラケットでプラットフォームにしっかり固定し、踊り場との接合は階段下端にプラスチックの滑車を付けてフリーにすることで、揺れへの逃げをもたせた。冬でもさして冷えこまない気候だから断熱処理はなし。

　オーナーからは、「先生と生徒15人ぐらいが入れる教室にしたい」、「沼地が眼前に広がる場所に建てたい」という要望を受けていた。そこで、二カ所の候補地をアーボリスト（樹木の専門科）に診てもらったが、多くのツガの木の根に腐食が蔓延

していることが分かり、根が弱くて強風で吹き飛ばされかねないとの診断……。というような訳で、このプロジェクトは数年間進展なしの状態だった。そこに忽然と現れたのがこの立派な米マツ。樹齢150年にして太さは1メートルを超え、年輪も細かに詰まっていてとても頑丈。これで念願叶って、プロジェクト再開となった。

世界初の樹上教室へ昇る「かね折れ階段」

沼地から見上げた教室。その後、屋根のて
っぺんには"雨避け帽"を、開放扉のには
ハンドメイドの錬鉄製手摺りを付け加えた

斜め下から見ると木製UFOに見える？

山の小道を歩いていくと沼地の向こうに現れる

　さっそくデザインに取りかかった。要望に応えて大きさは6.5坪。生徒たちが森の息吹を感じ、静かな沼地を眺めながら授業を受けられるように開放型の大きな扉を取り付ける。そうすれば季節を通して森や沼地の生態環境を学べる……などといろんなアイディアが湧いてきた。さらに、「ガラス窓はなしにして、シャッターや天窓を作ってほしい」との希望を採り入れて設計に取り組んだ。

　ところが、今回は行政のからむ第3セクターの敷地内に建てるため、建設許可が必要。ツリーハウスは建設基準において、建築物として認証されないという法的な問題（ツリーハウスの条項さえ存在しない）があって実に厄介だった。それでも、運が味方したというべきか？　主任検査官が、かつてツリーハウスに住んでいたらしいとの情報が舞い込んできた。そこで技術顧問であるチャーリーを中心に、さまざまなデータを採取してはパソコンに打ち込むという骨の折れる地道な作業に明け暮れた。こうして大変な労力と時間をかけ、複雑怪奇なデータがぎっしり詰まった建築調査書を提出し、晴れて許可申請に漕ぎつけたのだった。

子どもが集まる狭いスペースにガラスは危ないとの理由で、デイルはパープル・ハート（マメ科の広葉樹）の材で美しいシャッターをこしらえた。つまみにはオーク材を用いている

チャーリーのデザインによる筋違い受けブラケット付き特殊GL

実は後になって分かったことだが、私たちが提出した調査書はその主任検査官の同情を必要としないほど上出来だったらしく、みごとに建築許可（制限人数21人）の取得を果たした。

　このような顛末を経て完成した"森の教室"は、技術工学的にも、注目に値する構造をしている。プラットフォームは非対称の七角形。木に直接ボルトを接合したのは3カ所。1つ目は地上1.7m付近にプラットフォームを支える筋違いを受けるカスタムブラケット付きの特殊GLを打ち込んである。2つ目は地上5mの高さにGLを。3つ目は地上13mの屋根のてっぺんに鉄製の冠を取り付けた――長さ6mの屋根の垂木を受けるために。

　一本の木でこんな大きなツリーハウスに耐えられるだろうか？　しかも強風の吹く土地で？　チャーリーの腕の見せどころだった。緻密な計算で強風時の揺れ幅を割り出し、万一、3カ所の接合点のうち2カ所が同時に外れても、残りの1つで持ちこたえられる構造になっている。

　ともあれ、この企画でデイルとレスという二人の優秀な大工と一緒に仕事ができたのは本当にラッキーだった。彼らの確かな腕前のおかげで立派なツリーハウスが出来あがり、現に子どもたちが学びの場として活用しているのだから。

ガラス窓はいらないという要望だったが、オーナーの承諾を得て、使い古しの船舶用円形ガラス窓を開放扉の両脇に取り付けた

ホストツリーと床の隙間を流木で隠せばインテリアにもなりー石二鳥。　地上5mでも幹の太さが90cmを超える米マツの巨木

見上げると、煙突のように不思議な屋根が高くそびえる

## アボリカルチャー（樹芸学）……知っておきたい木の知識

　ツリーハウスを作る以前に、樹木に関する基礎知識を身に付けておくことはとても大切なこと。まずは、樹木ありき。なるべく樹木を傷めたくない。オレゴンで毎年開催される会議では、アーボリスト（樹木の専門家）が「樹木の生物学」に関する講義を行い、ツリーハウス用の樹木の選び方や、建てた後の樹木のメンテナンスについて熱弁をふるっている。ここでは、最低限知っておきたい樹木の基礎知識を記しておこう。

### ★根（ROOTS）

1. 根の健康状態を注意深く診てみよう。健康な根はその根冠がトランペットのような形をしていて先端は上を向いている。
2. 地中は地上に比べ変化が少ないため土壌環境の変化にはとても神経質。土の入れ替えにより根が窒息し、樹木の健全な生長を妨げることもある。
3. ビーチ（Beech：ブナ）やオークやスプルースなど根の浅い樹木は、大型車や頻繁な車輌通過による踏圧のトラブルに見舞われやすい。踏圧防止には、ウッドチップや落ち葉などを敷いて緩衝する。
4. 地面上の根にトラブルの症状が見受けられたら、根の広がりが見える深さ（10〜30cm）まで掘って、ノミなどで根の皮を少し削ってみる。健康な根であれば鮮やかなピンク色か赤、もしくは緑色をしている。もし根の半分以上に腐れや病気が見つかれば、不健康な証拠。ツリーハウスにはもってのほかだし、その木に登るのもやめる。
5. 木陰をつくる大樹はその立派な樹冠から、一見、健康で頑丈そうに見える。しかし、地下深くの支柱根は傷んでいることがあり、とかく根の浅い新しい根で支えられていたりする。強風にあおられて傾いてしまうこともあるから、ホストツリー選びは慎重を期したい。

### ★幹と樹冠（TRUNK AND CANOPY）

1. 成熟し年老いた大木には芯が腐朽したものがよく見られるが、それだけの理由でこれらの樹をホストツリーから除外する必要はない。もちろん、その腐朽が木の寿命を告げるものであるならば、ホストツリーとしては不適当。しかし、メープルによく見られるが、たとえ所々に小さく腐朽している箇所が見つかっても、主幹の大部分が健全であれば、ツリーハウスを支えるにはさほど問題にならない。私の場合、樹皮に20cm以上の腐食の傷があれば、その木はあきらめる。
2. 幹の分かれ目（木の又）に水が溜まっていても放っておく。
3. 幹と幹が鋭角に接合する箇所にツリーハウスの負担がかかる場合、その接合部の樹皮を診て裂ける危険性がないかよく調べる。問題がなければ、その場所か少し高いところを基点にケーブルを吊って土台を補強することもある。診断に自信が持てないときは、アーボリストに診てもらい専門的なアドバイスを受ける。
4. 樹冠を外見して、葉や木の実などが秋でもないのに枯れていたり落ちている場合は、病気などトラブルの前兆を示している。
5. 害虫に蝕まれていないか樹幹の根元を診る。

## ★予防対策および環境整備

　ホストツリーの健康診断の結果、どこにも異常が見つからなければ、ツリーハウス着工の前に以下の予防対策をしておく。

1. ホストツリー周辺の雑草を取り除く。そのあとの地面に10〜15cm積もるぐらいにウッドチップに樹木用肥料を混ぜ合わせたものを敷き詰める。

2. 枯れて死んでいる枝や腐って折れかけの枝を取り除く。作業中に落下して怪我につながることもあるので念入りに。

3. 建てる前に剪定・枝打ちを行うが、樹木の知識が乏しい場合はアーボリストの助けを借りる。この作業で樹が軽量化し、ツリーハウスの負荷を軽減する。さらに日光採取、空気循環、眺望拡張、風の抵抗を減らす効果もある。もし周辺に木々が密生しているなら、間伐をして近辺を整備する。必要であれば、ホストツリーの栄養吸収の妨げとなる木も伐採する。

## ★ツリーハウスに適した樹木

リンゴ（Apple：バラ科の広葉樹）——昔から子ども用のツリーハウスによく使われる木。高さがないので登りやすく、木も頑丈。

アッシュ（Ash：モクセイ科の広葉樹）——健康な状態なら美しい樹木だが、ストレスに弱いので細心の注意が必要。

バンヤン樹（Banyan）——成長がとても早く、ツリーハウスに干渉してくる可能性があるので覚悟を。建てて5年も経たないうちにツリーハウスと同化することもある。

モミ（Fir：マツ科の常緑針葉樹）——成熟した大人のモミの木であれば太鼓判。ある程度の高さまで支えになる枝がないので、複数を取り組んだデザインが必要。健康なモミの大木であれば、それ1本で大丈夫。長寿の樹木。

ヒッコリー（Hickory：クルミ科の広葉樹）——重くて硬いとても頑丈な木だが、ボルトは打ち込みにくい。

マドロナ（Madrona：ツツジ科の広葉樹）——とても硬い木で、複数の樹幹に分かれているのでデザインに創意工夫を。病気にかかりやすいので、樹幹にケーブルを吊るすなどしてストレスの軽減をはかる。北米大陸の西海岸でよく見られる木。

マンゴ（Mango：ウルシ科の広葉樹）——強くて頑丈な木。低い箇所で枝が分かれているので登りやすく、子ども用ツリーハウスにはもってこい。

メイプル（Maple：カエデ科の広葉樹）——成長が早く、茂りすぎている木は適度に剪定したい。概して頑丈だが、サイズがあり、柔らかいソフト・メイプルは強風に対してあまり強くない。お勧めは適度に枝が伸びていて頑丈なシュガー・メイプル。

モンキーポッド（Monkeypad：マメ科の広葉樹）——大きなツリーハウスを1本で支えられる耐久性に優れた立派な樹木。地上7〜8m付近がツリーハウスを構えるのに最適。この木なら夢に思い描くツリーハウスを作れる。南米大陸が原産だが、ハワイにも数多く植栽されている。

オーク（Oak：ブナ科の広葉樹）——頑丈な木だが、踏圧や大きな環境の変化にもろい面をもつホワイト・オークは森で植生する指折りの美しい巨木で、ツリーハウスに適している。

椰子（ヤシ）（Palm：ヤシ科の広葉樹）——木質はとても柔い。ボルトは貫通させ、太い幹周辺の低い箇所にしかプラットフォームは組めない。頭上に注意！

パイン（Pine：マツ科の針葉樹）——イエロー・パイン、ホワイト・パインなどいろんな種類があるが、どれも成長のペースが速く、耐久性に欠ける。支えとなる頑丈な枝は伸びていない。マツ科の樹木は塩分に弱いので、うっかりオシッコをかけないように！

スプルース（Spruce：マツ科の針葉樹）——芯の詰まっていない軟らかい樹木。害虫に弱く根も浅いので、複数のホストツリーで支える。

## 訳者あとがき

本書はツリーハウス・ビルダーの第一人者、ピーター・ネルソンの集大成ともいえる4冊目の本である。この本を出版するにあたり、彼は世界中に点在するツリーハウスを探訪し、同じ愉しみを共有する仲間たちの仕事ぶりをつぶさに見学している。ルポライターとしての取材ながら、いかに彼にとって興味深い、そして心弾む旅であったかが随所にうかがいとれる。

私事ながら、僕がピーターを知ったのは10年前にさかのぼる……。1994年の秋、ボストンに古着の買い付けに行った際、ある日、老舗の書店をのぞいてみた。そのとき「今月の推薦図書」のコーナーに飾られていた1冊の本との運命的な出会いが、僕のその後の人生を決めることになった。本のタイトルは『TREEHOUSES』、著者はピーター・ネルソンというシアトル在住のアメリカ人だった。たまたまその年、僕は原宿にある古着屋の一部屋を改装して、建物の外に生えていたヒマラヤ杉を取り込んでツリーハウスのようなスペースを作り、カフェ&バーとしてオープンしたばかりだった。自分の英語力もかえりみずにその本を衝動買いしてホテルに戻り、辞書を片手に食い入るようにページをめくった。

帰国してからもツリーハウスのことが頭から離れず、東京中の書店を回ってツリーハウスの情報を集めようとしたが、情報そのものがまったくと言っていいほどなかった。

翌年の春、あるアウトドア系の雑誌を立ち読みしていると、ピーターが来日して、日本でツリーハウスを建てるという読者イベントの情報が掲載されていた。さっそく雑誌社に電話で問合せをした。「ピーター・ネルソンとツリーハウスに興味があるので、個人的に会わせてほしい。僕自身も原宿にツリーハウスを持っているので」と担当者にお願いしてみたが、相手にされず「読者イベントとして参加してください」の一点張りだった。

飛騨あぶらむの里「樹上庵」。栗の木に2年がかりで杉や檜を切りだして加工、伝統的な和風工法を用い、ワークショップ形式で作る

原宿のシンボル「ラフォーレ原宿」の大イチョウにクリスマス・イベントで。森の中から街へ……アートとして表現できた刺激的な2カ月だった

ところが、来日間近になって担当者から、予算の都合で来日スタッフが減り、日本の大工さんではコミュニケーションがとれないのでスタッフとして協力してほしい、と電話がかかってきて、幸運にも一緒にツリーハウスを作ることになった。

ピーターは初来日だったこともあり、かなり緊張していた。「食べ物を残すのは失礼なのか？」とか「サングラスはいけないのか？」とか、日本のマナーと文化について書かれた本をいつも持ち歩いていて、ことあるごとに僕にたずねた。1週間ほどの滞在だったが、ピーターと奥さんのジュディ、そして友人の

大分県中津市の小児科の女医さんから、子供の遊び場として依頼された。照明もあるので読書もできる

イアンとはツリーハウスという共通のツールを通して無二の親友になった。原宿の店にも来てくれて東京のど真ん中にあるツリーハウス・カフェに感動してくれた。子煩悩で家族思いのピーターは、アメリカに残してきた3人の子供と愛犬のことが心配らしく、「ツリーハウス作りは楽しいけれど、家にいる時間が少なくなる」と、本が出版されてから仕事の依頼が増えたことに、苦笑いしていた。帰国するとき彼から「オレゴンで世界中のツリーハウス・ビルダーが集まるイベントがあるんだ。タカもくればきっと楽しいよ」と誘われ、以後、毎年のようにWTA（ワールド・ツリーハウス・アソシエーション）には参加している。ピーターは、僕が日本でやっていることのよき理解者だ。彼の本とめぐりあってから10年が経ち、僕は日本の各地にツリーハウスを作り、「ツリーハウス・クリエーション」という工房まで設けることになった。

この本の出版後、ピーターは新たな旅に出た。シアトル近郊のフォールシティにリサイクル材だけで建てた家を残し、スペインのバルセロナへ1年間のオフをとって家族で出かけている。ツリーハウスと15年以上も深く関わってきたピーターは今、ここで一つの区切りをつけるためもあってか、なによりも大切な家族との時間を満喫しているようだ。1年後、もしかするとガウディの影響を受けたアーティスティックなツリーハウスを建ててくれるかもしれない。

日本ツリーハウス協会　http://www.treehouse.jp

小林　崇

ハワイ島コナのモンキーポッド（アメリカねむの木）の巨木。ビルダーなら一度は作ってみたい憧れの木だ。ハワイ島在住のアーティスト、小田真由美さんからの依頼でスタッフと乗り込んだが、観光ビザでの入国を拒否され、無念の帰国。いつの日か建てて、海に沈むサンセットを眺めたい

## ピーター・ネルソン
### PETER NELSON

1962年生まれ。ツリーハウス建築家。アメリカ、シアトル
在住。コロラド大学で経済学を専攻した後、大工となる。
その後、オーダーメイドでツリーハウスの建築を請け負う
会社を設立。アメリカ各地に多くの"木の上の家"を建て、
ツリーハウスづくりの先駆者であり、第一人者でもある。
主な著書に『TREEHOUSES』『Home Tree Home』
『the treehouse book』などがある。

# ツリーハウスをつくる
## TREEHOUSES OF THE WORLD

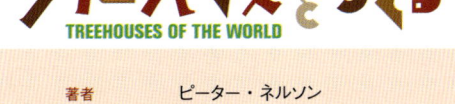

| | |
|---|---|
| 著者 | ピーター・ネルソン |
| 監訳 | 日本ツリーハウス協会 |
| 発行所 | 株式会社 二見書房 |
| | 東京都千代田区神田神保町1·5·10 |
| | 電話 03(3219)2311 営業 |
| | 03(3219)2315 編集 |
| | 振替 00170·4·2639 |
| 翻訳スタッフ | 小林　崇／柳田亜細亜／松井貴子／中村真由美 |
| 編集 | 浜崎慶治 |
| カバーデザイン | ヤマシタツトム |
| 印刷／製本 | 図書印刷 株式会社 |

落丁·乱丁本はお取り替えいたします。定価は、カバーに表示してあります。

©Futami Shobo 2005, Printed in Japan.
ISBN4-576-05127-X
http://www.futami.co.jp